下巻のはじめに

2019（令和元）年12月15日限りで宇野と高松を結ぶ宇高航路が休止となった。宇高航路は1910（明治43）年6月12日の鉄道院宇野線開業と同時に鉄道院の直営事業として開設され、従来の本四連絡のメインであった下津井～丸亀航路を衰退に追いやった。宇高航路は戦後になって1956（昭和31）年に四国自動車航送（後の四国フェリー）、1959（昭和34）年に津国汽船（日本通運と提携）、1961（昭和36）年に宇高国道フェリーの３社が加わり、競争を繰り広げた。しかし、1988（昭和63）年４月10日に鉄道・道路併用橋である瀬戸大橋が開通すると、本四間のメインルートは、かつての下津井～丸亀ルートに近付く。これにより、香川県都の高松は別として、本州側の宇野は賑わいを失う。1972（昭和47）年３月15日の新幹線岡山開業以前は特急「うずしお」と急行「鷲羽」が乗り入れ、その後も岡山～宇野間快速が頻発していたが、茶屋町～宇野間の区間列車主体に格が下がった。宇高航路はJRの直営事業としては高速艇のみ残して、超高速輸送ホ

バークラフトと連絡船は廃止。民間３社によるフェリー輸送は、本四架橋の通行料金が高額であったことなどから競争力が残り、減便はあったが運行を続けた。本四架橋の通行料金が下がると、フェリーから移行が見られ、1998（平成10）年４月５日の神戸淡路鳴門自動車道の開通も宇高フェリーの衰退に拍車をかけた。

宇高航路の休止（実質廃止）から１年後に本書を刊行するのも何かの縁かと感じてしまう。

下巻では、児島〜茶屋町間廃止後、下津井〜児島間となった下津井電鉄の姿を追う。２度にわたる児島駅の移設、瀬戸大橋の開通前後、そして廃止決定、1990（平成２）年12月31日の営業最終日、全線廃止から30年経った2020（令和２）年８月15日の廃線跡訪問、それに全車両と、茶屋町〜児島間が営業区間であった時代の各駅の解説をまとめ上げた（順不同）。

最初の訪問から実に47年の歳月が流れ、その時は下津井電鉄を題材に47年後に書物を出版するとは、夢にも思わなかった。

軽便ながらもゆったりした構内であった下津井駅。下津井〜丸亀間の航路への乗り継ぎ地点として賑わい、最盛期には２面３線のホームが使用されていた。
1971.7.26　下津井　P：荻原俊夫

著者初訪問時の児島駅(移転前)。1年4ヶ月前に児島～茶屋町間が廃止され、交換設備と対向ホームは撤去されていた。近代的なコンクリート製の駅舎と鋼製電車は、ローカル私鉄のイメージからはかけ離れていた。下津井電鉄は開業時から下津井が起点であったが、茶屋町方面行を上り列車、下津井方面行を下り列車としていた。ワンマン化改造前のモハ103+クハ24が停車中。　1973.7.28　児島　P：寺田裕一

2. 私が出会った後の下電

(1) 1973(昭和48)年7月の初訪問

下電を初めて訪れたのは1973(昭和48)年7月28日、中学1年生の夏休みであった。小学5年生の時に別府鉄道に出会って以来、ローカル私鉄のトリコになってしまい、地図帳をめくって私鉄の路線を見つけては自宅のある姫路から日帰りで行ける私鉄を手当たり次第に訪れていた。その私鉄がどんな会社で、どんな車両が走っているのか、などという予備知識は無く、この時も児島駅に立って初めて下津井電鉄の線路幅が狭いことを知ったという有様であった。何も知らないというのは不安ではあるが、見るもの全てが新鮮で、ちっぽけな電車や貨車のリンク式連結器を目にした時の感動と興奮は今でもはっきりと思い起こすことが出来る。この時は、児島～茶屋町間廃止から1年4ヶ月後で、児島駅の行き違い設備は撤去されていたが、貨物側線に貨車が留置されていた。その児島だが、ローカル私鉄の国鉄連絡区間が廃止された割には大きな町であることに驚かされ、調べてみると1967(昭和42)年2月1日に倉敷市となる前は独立した「市」であることを知った。

その後、1975(昭和50)年7月、1980(昭和55)年10月にも下電を訪れ、モハ103+クハ24のワンマン化改造や児島駅の移設等の変遷は見届けていたが、当時『レイル・マガジン』誌で連載していた「ローカル私鉄独り歩き」の取材を兼ねて1985(昭和60)年11月28日に再訪した。

(2) 1985(昭和60)年11月の訪問

当時、児島に向かうには岡山駅前から下電バスに乗るのが最もポピュラーなルートであった。日中でもほぼ15分間隔の運行で、余程の渋滞でもない限り、最も早く着くことができた。しかし、私は茶屋町から廃線跡を偲びながら児島に向かうルートを選択した。

岡山から宇野線に乗り、約20分で茶屋町に着いた。駅前から倉敷への国鉄バスと児島行きの下電バス

廃線区間の代行路線の役割を担う茶屋町～児島間を結ぶ下津井電鉄バス。　1975.3.25　茶屋町　P：寺田裕一

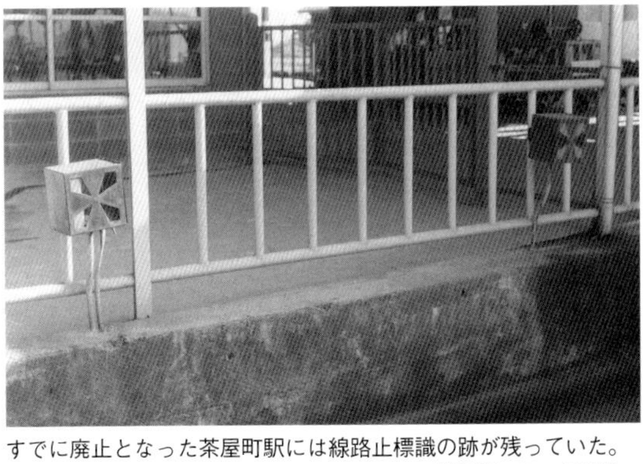

すでに廃止となった茶屋町駅には線路止標識の跡が残っていた。　1975.3.25　茶屋町　P：寺田裕一

ワンマン化により設置されたモハ1001の運賃表。
1975.3.25　P：寺田裕一

が出ている以外は、これといった取り柄のない片田舎の平凡な駅である。駅前のロータリーに倉敷行き国鉄バス乗り場があり、国鉄駅舎のすぐ宇野方に下電バス乗り場が専用のポジションを構える。ここはかつての下電駅跡で、行き止まり式であったホームには線路止標識が２つとも残り、ホームこそ撤去されているが、それを覆っていた上屋はかつてのままで、背後には赤錆びた架線柱も突っ立っている。出札口は板で塞がれているものの、コンクリート造りの駅舎も残っていて、眼を閉じれば下電の小さな電車が、その身体を揺さぶりながらこの構内に乗り入れていた頃の姿が想像できる。

現実に戻りバスの時刻表を見ると、次の発車は12時40分発の林行きで、１時間以上も間隔が空いている。以前に訪れた時は昼間時でも１時間に１本程度はあった記憶があり、電車が消え年月が経つにつれ、バスの本数も減っている。

林行きのバスは私の他に７人を乗せただけで発車。元の構内を出るとすぐに右折した。きれいに舗装された道路が真っ直ぐに伸びていて、これが元の線路敷のようだが、入口には杭が打ち込まれていて、クルマは通行できない。自転車・歩行者専用道になっている。

バスは幅の細い道を右に左にカーブを切りながら進む。対向車があっても、相手が離合できそうな所を選んで待っていてくれる。そんな地元のクルマしか走っていないような小径を走り続ける。天城バス停を出たところで広い道路に出る。途端に倉敷行きのバスと何台もすれ違うようになる。このバスの終点である林は、幅広い道路をしばらく走った集落の中心にあった。ここから児島行きのバスは、ラッシュ時で５分間隔、閑散時でも10分間隔程度で運転されていた。

しばしの時間を利用して林駅跡を訪れた。古い家並が続く道を進み、２つほど角を曲がったところが駅跡であった。駅舎は撤去されていたが、猫の額程度の駅前広場にはロータリーがあり、その横に大きな立木があるといった、田舎の軽便鉄道のシーナリーがそこにはあった。

林バス停に戻って児島行きのバスに乗る。車窓から

車内座席の海側半分がバス用のクロスシートに交換されたモハ1001。「落書き」は室内にも及んでいる。
1980.10.10　P：寺田裕一

1976年に下津井方に移転された児島駅。質素な造りで仮設の雰囲気が漂っていた。単式のホームに落書き電車「赤いクレパス号」となったモハ1001が停車中。
1985.11.28　児島　P：寺田裕一

児島口は民家の軒先をかすめるようにして走る。架線柱はコンクリート柱または鉄柱、シンプルカテナリー架線で、しっかりとした施設であった。
1980.10.10　児島―備前赤崎
P：寺田裕一

は時折廃線跡が目に入り、部分廃止区間の全てが自転車道となったことを知る。

■

児島は、以前、独立した「市」であっただけあって、スーパーや金融機関のビルが立ち並んでいる。その中心地を占めているのが広大な敷地の児島バスターミナル。次から次へと発着を繰り返している。この地こそが児島駅跡で、現在の児島駅はバスに押し出された感じで下津井方にセットバックしている。駅舎もスレート吹きの粗末なものに置き換えられてしまい、いつ撤去されてもおかしくないように見える。背後には広大な駐車場が広がり、ビルとバスとクルマに囲まれた中に、いかにも場違いな感じで、ナローの線路が１本乗り入れている。

しばらくしてやってきた電車はワンマンのモハ1001だが、「赤いクレパス号」という看板を付けている。しかも車体は落書きだらけ。車内に入ってこれまたビックリ、寸分の隙間もないくらいに落書きが描かれ、そして下津井に向かって左の座席はバスのシートに取り換えられている。こうなると軽便の哀愁のカケラもない。遊園地のお伽電車の方がマシに感じる。

昼間にしては多め、座席がほぼ満席になって14時22分に児島を発車。落書き電車に少々興醒めの感は拭えないが、しかし動き出すと、やはり運転席後方に陣取ってしまう。スマートな鋼製車体であるが、所詮軽便電車、身長164cmの私でも腰をかがめないと前が見えない。

しばらくは街中を走る。路地裏を行く雰囲気で、窓から手を伸ばせば民家の軒先の洗濯物に引っ掛かりそう。最初の停車駅備前赤崎は元交換可能駅で、立派な木造駅舎や、右手には旧対向ホームが残っている。阿津を過ぎると急に勾配がきつくなり、モーターを唸らせて駆け登る。すると突然左手に青く澄んだ瀬戸内海が広がる。眼下に競艇場があり、本日は大きなレースがあるようで黒だかりの人々で賑わっている。

琴海《きんかい》という美しい名の高台の駅を過ぎ、緩やかにカーブを切ると急に巨大な橋脚が現れる。本州と四国を結ぶ瀬戸大橋で、対岸の櫃石島《ひついしじま》との間にパイロットロープが完成している。電車はその巨大な橋脚を潜るような形で右にカーブする。この橋が完成した時には超近代的な大橋と、時代をスリップした軽便鉄道がコントラストを見せると確信した。

次の鷲羽山駅は景勝・鷲羽山への登山口であるが、ここから30分歩いて鷲羽山に登る人はいないようで、３人の高校生が下車しただけ。観光客らしき姿は見当たらず、観光土産の看板を掲げた店の扉も閉ざされている。

東下津井を出て、緩いカーブを下り始めると、前方には下津井の街並と瀬戸内海、そして遠く四国連山の姿が見える。カーブを下りきった所に場内信号機があり、何とその信号機には１から３の進路表示も備わっ

競艇開催日であったため、多客時に運行されるモハ102＋サハ2＋クハ22の３両編成が運用されていた。
1985.11.28　下津井　P：寺田裕一

1985年6月に白地＋赤帯の塗装に変更されたモハ103＋クハ24の２両編成。当時の下電バスに近いデザインであった。
1985.11.28　下津井　P：寺田裕一

ている。

信号機の現示に従い、14時40分、定刻に下津井駅１番線に滑り込んだ。

■

隣の２番線に停まっているモハ103＋クハ24が白いボデイーに赤のストライプといった奇妙な色に塗り替えられていたのには、いささか驚いたが、それを除くと、12年前の最初に訪れた時と変わっていなかった。平屋のシックな駅舎に続くホームと、もう１本の島式ホームがあり、海寄りには木製の半分朽ちかけた修理工場や塗装工場が続いていて、リンク式連結器をつけた木造貨車が何両か横たわっている。その姿は「お伽電車」ではなく、「軽便鉄道」の終着駅にふさわしい情緒に満ち溢れていた。

やがて、クハ22＋サハ２＋モハ102の３両編成が１番線に入線した。この編成だけは赤と白の下電色が保たれていて、乗客減から近年はめったに動くことはないようだが、本日はボートレース帰りの客を運ぶために特別に出動するとのこと。

40分後に戻ってきた３両編成の電車からは、たくさんのギャンブラー風のおじさんたちが降りて来て、フェリー乗り場へと続く桟橋へと消えて行った。

下電は宇高航路に敗れた下津井と丸亀の人達が帰死回生すべく鉄道を建設したのが発端であったが、それから70年以上経過した今日でも、海の向こうの四国・丸亀の住民が下電を利用しているのには恐れ入ってしまった。

（3）瀬戸大橋開通、そして全廃へ

下津井電鉄鉄道部の従業員数は1977（昭和52）年度に10人となり、1974～1979（昭和49～54）年度は営業黒字であった。茶屋町で国鉄連絡を行っていた名残が荷物輸送で、部分廃止後も年間１千万円前後の収入があり、営業黒字の礎でもあった。その国鉄連絡荷物輸送も1980年９月30日廃止に至った。その1980年度以降、鉄道部門は再び営業赤字に陥った。1980年度の営業赤字額は785万円、1981年度は564万円、1982年

JR本四備讃線（瀬戸大橋線）の開業に伴い、観光鉄道への脱皮を目指して駅舎が新築された児島駅。営業距離も短縮された。
1988.4.18　児島　P：寺田裕一

観光鉄道を意識し改装された児島駅構内。モハ103＋クハ24はフジカラーの広告電車になっていた。
1988.4.18　児島　P：寺田裕一

観光鉄道化の要として1988年に導入された「メリー・ベル号」2000系は、運行開始からほどなく、乗客減により２両編成に減車された。
1990.8.23　下津井　P：寺田裕一

度1329万円、1983年度1017万円、1984年度1690万円で、1985年度以降2000万円を超えるようになった。会社全体からみれば営業赤字額はそう大きくはなく、会社創業の礎ともいうべき鉄道を存続させ続けた。1986（昭和61）年度には、1984年12月29日限りで廃止となった岡山臨港鉄道の37kg/mレール4.5kmを購入して軌条強化を実施している。

1988（昭和63）年４月10日、瀬戸中央自動車道とJR本四備讃線が開業した。下津井電鉄鉄道部は、これを契機に観光鉄道への脱皮を試みる。メリー・ベル号と称する観光客輸送を主眼とした３両編成を新造し、運転本数増のために琴海の交換設備を復活させ、児島駅を観光客向けに新装し、下津井駅構内に植物園を新設した。また、鷲羽山駅のホームを東下津井寄りに延長し、大橋眺望用に廃車になったモハ110の車体を待合室とした。

しかし、観光客は瀬戸大橋、四国へと流れ、鷲羽山、下津井に立ち寄る数はごく少数であった。３両編成のメリー・ベル号はたちまち供給過多となり、ほどなく中間車のサハを抜いて２両編成となった。また、皮肉にもJRで岡山と児島が快速マリンライナーにて20分強で結ばれると、自社の路線バスが大打撃を受け、鉄道の赤字をカバーできない事態に陥った。

結局、1990（平成２）年12月31日限りで鉄道線は廃止に至り、メリー・ベル号が活躍できたのは３年足らずでしかなかった。

とはいえ、平成の世まで軽便鉄道が生き永らえたのは驚異的であり（今日でも三岐鉄道北勢線と四日市あすなろう鉄道、黒部峡谷鉄道が盛業中）、1972（昭和47）年の部分廃止から20年近く残存区間の営業を続けるとは、誰も予測できなかったと思われる。

瀬戸大橋を望む鷲羽山駅には、1986年５月よりモハ110形の廃車体を使用した待合室が設置された。
1988.4.19　鷲羽山　P：寺田裕一

児島～下津井間の営業最終日の模様。この日を最後に下津井電鉄の鉄道営業は終了した。
1990.12.31　児島　P：寺田裕一

3．施設・駅

(1) 沿線概要

茶屋町は国鉄駅本屋の南に専用の駅舎と2本の発着線を持ち、構内を抜けると右にカーブして宇野線をから離れ、一直線で穀倉地帯を南下した。茶屋町川を渡った先の天城は行き違い可能駅で、倉敷川を渡った先の藤戸は戦後に開設された停留場であった。交換可能駅の林の前後で郷内川を2度渡り、福田からは25‰の急勾配が連続して正面山と福南山に挟まれた峠を越えた。福林湖、続いて大池の脇を進み、回り込みながら下ると行き違い可能駅の稗田に着いた。柳田停留場を過ぎると、行き違い可能駅の児島小川到着。古くは小田と称し、学生服と足袋といった地場産品の出荷があった。住宅が密集する中を進み、児島川を渡った先が児島で、鉄筋コンクリート造り2階建ての立派な駅舎を持ち、街の中心に位置した。

部分廃止後、児島駅は2度移設されている。最初の移設は1976(昭和51)年9月で、元の駅跡は広大なバスターミナルとなった。新駅は簡易な待合室があるだけの粗末なつくりで、母屋をバスに取られた感があった。2度目の移設は1988(昭和63)年3月で、瀬戸大橋開通に合わせてカントリー風の駅舎とホームを覆うドームが新設された。オレンジ色を多用した駅舎は、軽便鉄道のイメージとは全く不釣合いであったが、一歩構内を離れると、昔ながらの下電の光景が広がった。市街地では線路のすぐ脇にまで民家が迫り、軒先をかすめるように走った。備前赤崎は、部分廃止前は閉塞取り扱いの行き違い可能駅で、部分廃止後も木造駅舎を有した。阿津はホーム1面の停留場で、阿津を過ぎると民家が途切れ、勾配がきつくなり、モーターを唸らせて駆け登った。最晩年はJR本四備讃線のコンクリート橋の下を潜り、左車窓に青く澄んだ瀬戸内海が広がり、眼下に競艇場を眺めながら琴海に到着した。茶屋町～児島間廃止後は長らく発着線1本の停留場であったが、瀬戸大橋開通にあわせて行き違い設備が復活した。

1976年に移設された後の児島駅。3番線まであったホームは単式に改められた。　1980.10.10　児島　P：寺田裕一

琴海を過ぎ、山肌に沿って右にカーブを切ると、突然、前方に巨大な瀬戸大橋が現れ、その橋梁の間を潜った。

次の鷲羽山は、最晩年には観光客で賑わっていた木造駅舎が取り壊され、ホームを40m下津井方に延長して旧モハ110車体を待合室兼瀬戸大橋見晴台としていた。旧上りホームが姿を留めた東下津井からは25‰の下り勾配となり、切り通しを抜け、Ω状のカーブに差し掛かると、瀬戸内海、遠く四国連山が見渡せた。

終着下津井は、2本のホームと3本の発着線、車庫線、工場線、それに木造平屋の駅舎を持ち、最晩年は構内にフラワーパークが設けられ、保存車両が展示されていた。

1988年の瀬戸大橋開通に合わせ、交換設備が復活した琴海駅。観光客の増加を見通して大きな投資を行ったが、見込み通りとはならず、実際に交換列車が見られた日は多くはなかった。メリー・ベル号が3両編成であった時期も長くはなく、貴重なシーンといえる。　1988.4.19　琴海　P：寺田裕一

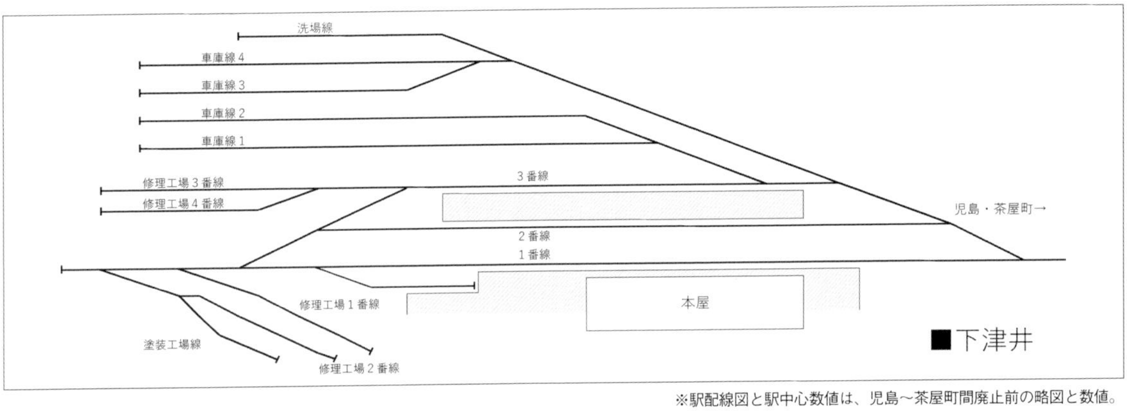

※駅配線図と駅中心数値は、児島〜茶屋町間廃止前の略図と数値。

(2) 停車場・停留場

下《しも》津《つ》井《い》　駅中心：起点0km140m82

1914(大正３)年３月15日に開業した。開業時から本社、機関庫、客車庫、給水台、石炭台を有する中心駅であった。開業直後の1914年４月18日届で水質不良のために側線を増設して給水位置を変更。1915年９月20日届出で石炭貯蔵場を新設し、石炭台と給水場の位置を変更。1916年５月10日届出で機関車を転換させるために構内に三角線を新設。1916年12月26日届出で機関庫増築。1920年８月16日届出で客車庫を増築し石炭台１台新設。1921年５月23日届出で最端部の側線を撤去、1921年９月14日届出で修繕工場を新設、1922年７月21日届出で建物２棟を増設し、丸亀航路への待合所を新設、1923年10月１日届出で客車庫拡張、石炭台を木造から石造りに改造、1924年８月21日届出でホーム延伸、1925年８月15日に井戸増設、1926年２月17日届出で給水槽を木製から鉄製に変更、1926年10月22日届出で物置と従業員合宿所を新設。単端式ガソリンカーの導入に合わせて1927年12月13日工事方法変更認可申請で転車台が新設された。ガソリンカーの運転開始時期が近付くと1928年２月15日変更届で転車台の位置を変更し、側線を増設し、三角線を撤去した。1928年８月９日工事方法変更届で客車庫１棟新設。1932年３月16日客車庫増設。1934年２月９日届出でガソリン貯蔵所と給油タンクを新設した。1952(昭和26)年８月18日認可申請で、腕木式信号機を二位色灯式に変更した。

最盛期は本屋前が１番線、対向は島式ホームで２・３番線と、３本の発着線を使用した。その先に車庫線、海側に工場線があった。部分廃止後も配線は維持していた。駅脇からは、屋根の付いた廊下のような通路が港に続き、丸亀下津井航路の乗客が利用した。

半切妻屋根の堂々とした駅舎が特徴的な下津井駅。
1971.7.26　下津井　P：荻原俊夫

児島方から見た下津井駅構内。左手が駅舎側で、右手には車庫線が広がる。　1976.5.3　下津井　P：今井啓輔

東《ひがし》下《しも》津《つ》井《い》　駅中心：起点2km139m46

1912(明治45)年２月９日の工事施工認可時は吹上停車場で、1913(大正２)年11月４日停車場名称変更届で扇谷に変更され、1914(大正３)年２月17日届出で下津井東に改められて1914年３月15日の下津井〜味野町間開業時に開業した。開業直後の1914年４月18日届で貨物取り扱いの便を図るために側線を増設。ガソリンカーによる運転回数増加に合わせて1928(昭和３)年２月６日届出で行き違い可能駅となり、対向ホームと場内信号機が新設された。ガソリン

カーの運転開始時期が近付くと1928年３月12日届出でスプリングポイントが導入され、同年６月９日届出で待合室１棟が新設された。1941(昭和16)年２月10日届出で駅舎改築。1956(昭和31)年３月26日に東下津井に改称された。1969(昭和44)年度に行き違い廃止。1972(昭和47)年４月１日の茶屋町～児島間廃止時に駅員無人化。駅員無配置となった後も、木造駅舎は営業最終日まで維持されていた。

1969年度までは交換駅であった東下津井駅。交換設備撤去後も駅舎は継続使用された。　1976.5.3　東下津井　P：今井啓輔

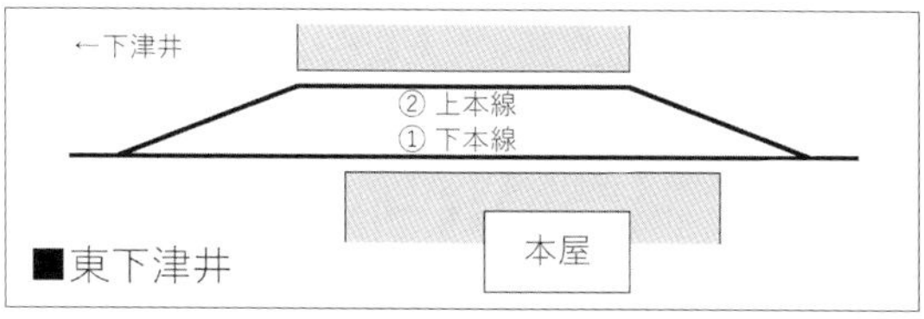

鷲羽山《わしゅうざん》　駅中心：起点2km634m72

1931(昭和６)年５月１日に開設された停留場。当初は春～秋(４～11月)の季節営業の計画で、申請書類の理由に次の記載がある。

下津井町鷲羽山ハ昨秋名勝地ニ指定セラレ以来登山客多数トナリタレバ登山乗客ノ便ヲ計リ旅客誘致ヲ目的トシ之レガ設置ヲナスモノナリ

但シ開設期間ハ毎年四月ヨリ十一月ニ至ル間トス

開業当初は臨時駅の扱いであったが、同年７月10日に通年営業に変わった。従って実際に冬季休業の年は無かった。1933(昭和８)年５月19日省受付で乗降場が10m延長。1935年８月16日届出で事務室・物置・便所移設。1939年７月12日申請で勾配変更(15.2‰→一部10.0‰・一部18.2‰)及び乗降場増設。1968(昭和43)年度に駅員を委託化。1972(昭和47)年４月１日の茶屋町～児島間廃止時に駅員無人化。1986(昭和61)年５月15日に瀬戸大橋展望を考慮して、ホームを40m下津井方に延長し、モハ110車体を用いて待合室兼瀬戸大橋眺望室とした。

児島方(写真手前)が曲線を描く鷲羽山駅のホーム。
1976.5.3　鷲羽山　P：今井啓輔

ホームから瀬戸大橋の眺望が楽しめる鷲羽山駅には、モハ110の廃車体を利用した待合室が設置された。
1988.4.18　鷲羽山　P：寺田裕一

琴海《きんかい》　駅中心：起点3km495m87

1912(明治45)年２月９日の工事施工認可時は大畠停車場で、1913(大正２)年８月８日停車場名称変更で久須美、さらに11月４日停車場名称変更届で石ノ塔に変更され、1914(大正３)年２月17日届出で鷲羽山に改められて1914年３月15日の下津井～味野町間開業時に琴海として開業した。届出の鷲羽山が琴海となった理由はよくわからないが、訂正の届出がなされている(1914年４月25日官報掲載)。1926(大正15)年１月26日届出で貨物上屋１棟が新設された。1933(昭

交換設備が撤去されていた時代の琴海駅。瀬戸大橋開通の直前に復活がなされた。　1980.10.11　琴海　P：寺田裕一

和8）年９月30日変更願で従来側線に停車して客貨の取扱をしていたものをガソリンカーのみ停車位置を起点側に移すこととした。1968（昭和43）年に駅員を委託化、行き違い廃止（1968年２月20日改正の列車運行図表に閉塞取扱無となっている）。1972（昭和47）年４月１日の茶屋町～児島間廃止時に駅員無人化。1988（昭和63）年３月12日に行き違い設備復活。駅を下ったところに西日本有数の規模をもつ児島競艇場があり、開催日には四国からもギャンブラーが集まった。駅員無配置となった後も、木造駅舎は営業最終日まで維持されていた。

琴海駅は瀬戸大橋の開通に合わせて交換設備の復活がなされた。
1988.4.18　琴海　P：寺田裕一

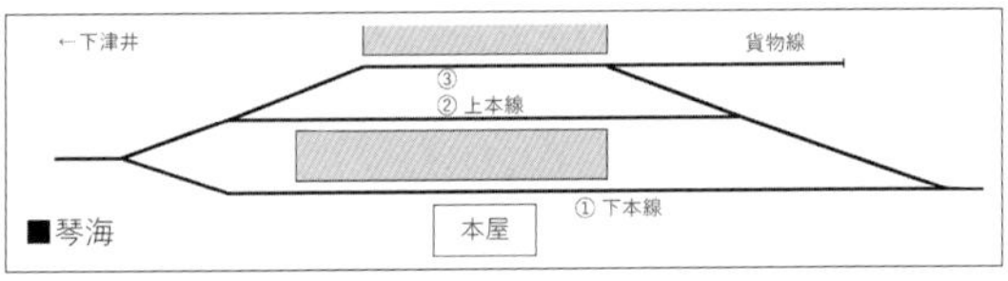

阿《あ》津《つ》　駅中心：起点4km680m00

1949（昭和24）年６月20日届出で開設された停留場。終始駅員無配置停留場であった。集落の中に位置し、利用客は多かった。

端式ホームの阿津駅は住宅地の中にあった。
1980.10.10　阿津　P：寺田裕一

備《び》前《ぜん》赤《あか》崎《さき》　駅中心：起点5km294m64

1912（明治45）年２月９日の工事施工認可時は赤崎停車場で、1913（大正２）年11月４日停車場名称変更届で塩田に変更され、1914（大正３）年２月17日届出で赤崎村に改められて1914年３月15日の下津井～味野町間開業時に開業した。1917年10月31日届出で駅員常置を廃止し、乗車券販売は近くの運送店主に販売を委託、貨物は味野町管理となった。1918年10月15日届出で貨物増から運送店が増設を行った。1919年３月11日届出で旅客増から旅客乗降場を増設。ガソリンカーによる運転回数増加に合わせて1928（昭和３）年２月６日届出で行き違い可能駅となり、対向ホームと場内信号機が新設された。ガソリンカーの運転開始時期が近付くと1928年３月12日届出でスプリングポイントが導入され、同年６月９日届出で待合室１棟が新設された。1929年３月28日届出で従来運送店所有の駅本家が自社所有に変わった。1935（昭和10）年１月10日に備前赤崎に改称した。1941（昭和16）年７月30日届出で貨物側線を増設。これは鋳造工場への貨物量が増大し、上下本線での荷扱いは支障をきたしたため。1941年２月10日届出で駅舎改築。電化に合わせて1950（昭和25）年２月15日認可・10月６日竣功で変電所が設けられた。1966（昭和41）年度に変電所と駅の要員を統合。1972（昭和47）年４月１日の茶屋町～児島間廃止時まで閉塞の取扱を行う駅員配置駅で、部分廃止時に行き違い廃止・駅員無人化。駅周辺に学生服や作業服、Ｇパンなどを作る被服工場が多くあり、通勤客の利用もあった。駅員無配置となった後も、木造駅舎は営業最終日まで維持されていた。

1972年４月の部分廃止時に交換設備の撤去が行われた備前赤崎駅。手前が下津井方。
1980.10.10

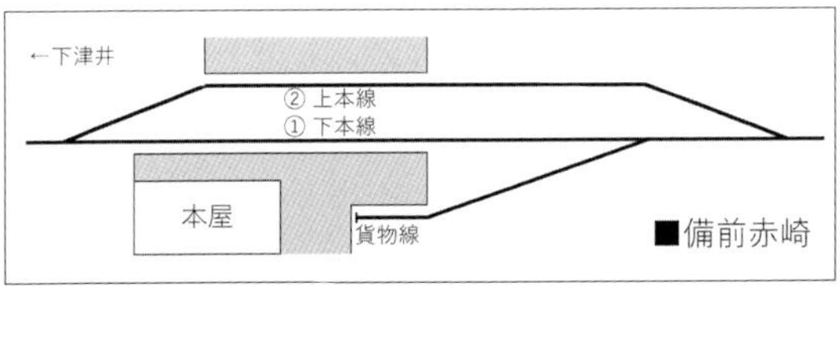

部分廃止前の児島駅。下津井方面から茶屋町行き電車(モハ103＋クハ24)が１番線に入線する。　1972.3.15　児島　P：荻原二郎

１回目の移転後の児島駅ホームは単式ホーム１本。停車中のモハ103＋クハ24はワンマン化改造が施されていた。
1976.5.3　児島　P：今井啓輔

1976年に移転のうえ、コンパクトになった仮使用中の児島駅。
1976.5.3　児島　P：今井啓輔

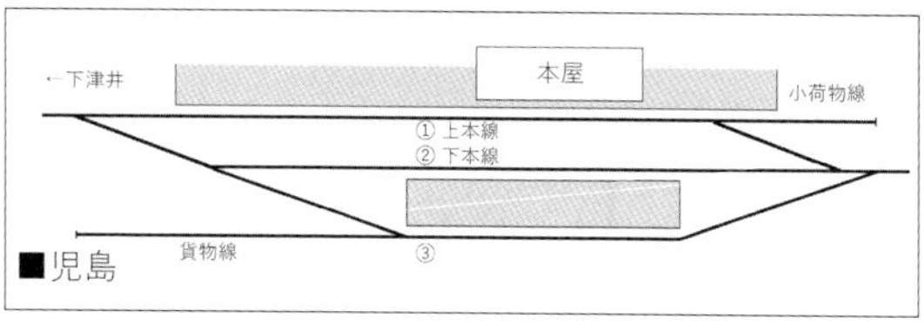

児島《こじま》　駅中心：起点6km652m22(全廃時6km260m)

1913(大正２)年11月11日の開業時に新設された停車場。1912(明治45)年２月９日の工事施工認可時は本味野停車場で、1913(大正２)年７月14日停車場名称変更届で味野町に変更されて開業を迎えた。開業約１ヶ月前の1913年10月９日に停車場構内仮設備届が提出され、用地買収の都合上一部仮設備で営業開始となった。開業時から貨物側線、場内信号機が設けられていた。1916年２月25日届出で山陽紡績構内倉庫～工場間の綿花・綿糸運搬用の２フィートトロリー線と交差の記録が残る。1919年２月24日届出で山陽紡績貨物側線を撤廃。1921年９月14日届出でホーム延伸、物置・貨物上屋２棟移転、単端式ガソリンカーの導入に合わせて1927(昭和２)年12月13日工事方法変更認可申請で転車台が新設された。ガソリンカーの運転開始時期が近付くと1928年２月15日変更届で転車台の位置を変更、側線を増設し、1928年３月12日届出でスプリングポイントが導入された。1928年８月９日工事方法変更届で貨物引込線２線の内１線が撤去された。1929年３月16日届出で従業員合宿所が新設された。1935(昭和10)年１月７日届出で対向ホーム14.54mと待合所を移設。1941(昭和16)年８月１日に味野に改称。1956(昭和31)年３月26日に児島に改称。1972(昭和47)年４月１日の茶屋町～児島間廃止時に行き違い設備廃止。1976(昭和51)年９月１日竣工で下津井方に移設。1986(昭和61)年11月15日にさらに下津井方に移設され、営業距離が0.2km短縮となった。

児島小川《こじまおがわ》　駅中心：起点8km066m90

1913(大正２)年11月11日の開業時に小田停留場として新設され、下津井～味野町間開業直後の1914年３月24日に、鉄道院と連帯輸送契約の締結に合わせて小田村に改称された(1913年11月21日に山陰本線に小田が開業したためと思われる)。1914年４月18日届で貨物取り扱いの便を図るために側線を増設した。開業以来旅客・貨物ともに少なく、1917年10月31日届出で駅員常置を廃止し、乗車券販売は近くの運送店主に委託、貨物は味野町管理となった。1920年１月２日局受付で運送店の費用にて本屋と倉庫を建設。1921年５月23日届出で井戸を新設、1921年９月14日

対向式ホームの交換駅であった児島小川駅。最晩年は閉塞取扱が廃止されていた。　P：寺田裕一所蔵(撮影年月：不明)

届出でホーム延長、1924年９月18日届出で行き違い駅となり、対向ホームと場内信号機が設置された。1927(昭和２）年６月30日届出でスプリングポイントを導入。1931年３月23日届出で側線新設(この時点では小田村)。1931年に児島小川に改称された。1968(昭和43) 年に行き違い廃止(1968年２月20日改正の列車運行図表に閉塞取扱無となっている)となった。

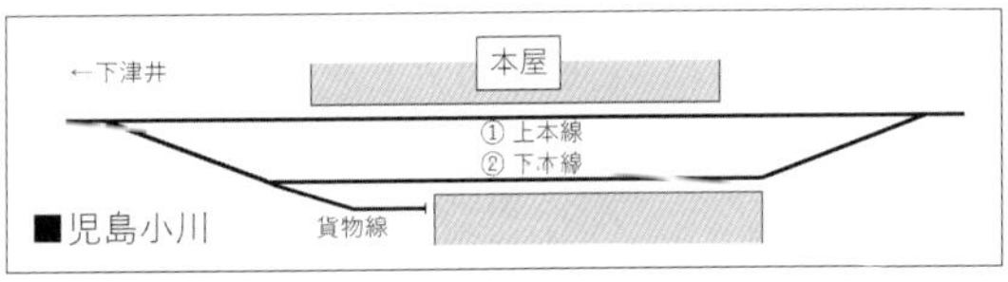

柳田《やないだ》　駅中心：起点8km950m00

1952(昭和27) 年４月19日に開設された停留場。終始駅員無配置停留場であった。

単式ホームの柳田駅。　　P：寺田裕一所蔵(撮影年月：不明)

稗田《ひえだ》　駅中心：起点10km312m04

1912(明治45) 年２月９日の工事施工認可時は琴浦停車場の名称で、行き違い可能駅として場内信号機を設置する計画であったが、開業時は行き違いがないことから設置を見送ることを1913(大正２）年11月８日に届け出た。1913年11月11日の開業時は上下ホームを持つ配線であったが、閉塞の取扱はなかった。1915(大正４）年６月17日届出で行き違い可能駅となり、場内信号機と貨物上屋が新設された。1916年５月10日届出で建物が増設された。1916年12月16日届出で上り場内信号機が移設され、下り遠方信号機が新設された。1920(大正９）年に稗田に改称。1921年９月14日届出で駅本屋拡張、1924年８月21日届出でホーム延伸、1929(昭和４）年11月11日届出で駅本家建て替え。1932年２月17日貨物用側線新設。1935年１月７日届出で貨物積卸場9.09mと側線を延長。1969(昭和44) 年度に駅員を無人化、行き違い廃止となって廃線を迎えた。

対向式ホームの交換駅であった稗田駅。最晩年は閉塞取扱が廃止されていた。　　P：寺田裕一所蔵(撮影年月：不明)

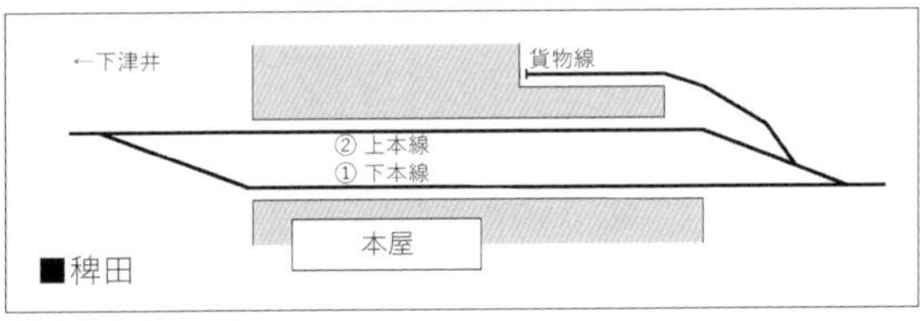

福南山《ふくなんざん》　駅中心：起点12km3102m

1950(昭和25) 年５月18日に福南山停車場新設認可申請書が提出された。その理由は以下の通り。

今回新設する福南山停車場は稗田駅～福田駅間であって両駅間の距離は3km978m65である。この区間を1km97m96(稗田～福南山間）及び1km980m69(福南山～福田間）の二区分とし待避線を設け現在の稗田～福田間の所要時間を短縮し旅客の利便を計ると共に輸送力の適正配分と正常運行の確保をしたいためである。

この待避線という言葉からして、旅客の利便というよりは信号場的な意味合いで、増発の余地を確保したかったと推察される。日本鉄道旅行地図帳では、福南山駅は1950年５月31日認可開業となっているが、停車場ではなく停留場であったと推察する。1963(昭和38)年４月20日改正・1965年12月25日改正・1966年３月25日改正のいずれの列車運行図表にも福田～稗田間に駅はなく、上巻12～15頁の線路図等にも記載がない。しかし、児島～茶屋町営業最末期の1971(昭和46)年４月１日改正ダイヤで突如復活している。ただし、停車する列車は朝の上り（茶屋町行）2本、下り（下津井行）1本、夕刻の上下各1本のみであった。2019（平成31）年2月に、「吉備の児島の陸続き400年瀬戸大橋開通30周年記念事業実行委員会」によって、各駅に駅名標が建てられた際にも忘れ去られている。

福田《ふくだ》　駅中心：起点14km290m69

1913（大正2）年11月11日の開業時に新設された停車場。開業約1ヶ月前の1913年10月9日に停車場構内仮設備届が提出され、「仮機関区設置ノ為側線及建物仮設」とある。当初は下津井～茶屋町間の全線開業を目指したものの、味野町～茶屋町間の部分開業となり、上下本線、貨物側線、仮機関区、給水・給炭設備、場内信号機が設けられた。1915年8月17日届出で給水場を増設。1916年12月26日届出で下り場内信号機を勾配地点から水平地点に移設。1918年10月15日届出で旅客乗降場を増設し、給水タンクは木材腐食と不要であることから撤去した。1922年7月21日届出で石炭台を廃止し、給水台を石造り・給水槽を鉄製に改造。1924年8月21日届出でホーム延伸、1927（昭和2）年6月30日届出でスプリングポイントを導入。1935年1月7日届出で対向乗降場の上家移設。1941年2月10日届出で駅舎改築。電化に合わせて1950（昭和25）年2月15日認可・10月6日竣功で変電所が設けられた。1966（昭和41）年度に変電所と駅の要員を統合。児島～茶屋町間のほぼ中間に位置し、1972（昭和47）年3月31日の営業最終日まで閉塞の取扱があり、駅員配置であった。

対向式ホームの交換駅であった福田駅。右側に貨物側線が見られる。　P：寺田裕一所蔵（撮影年月：不明）

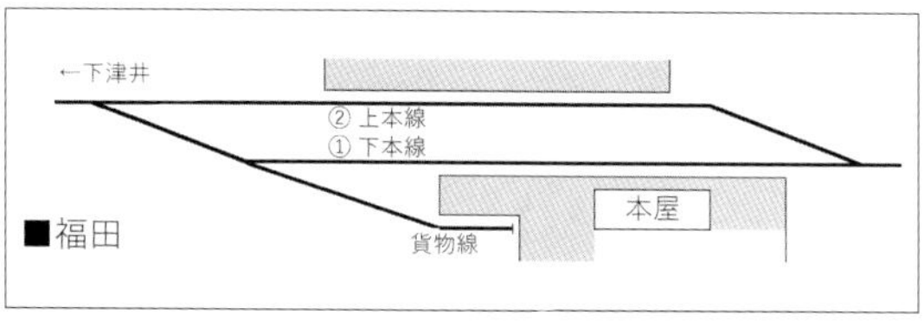

林《はやし》　駅中心：起点16km729m13

1913（大正2）年11月11日の開業時に停留場として新設された。下津井～味野町間開業直後の1914年4月18日届で貨物取り扱いの便を図るために側線を増設した。1921年5月23日届出で施設を拡張、ガソリンカーによる運転回数増加に合わせて1928（昭和3）年2月6日届出で行き違い可能駅となり、対向ホームと場内信号機が新設された。ガソリンカーの運転開始時期が近付くと1928年3月12日届出でスプリングポイントが導入され、同年6月9日届出で待合室1棟が新設された。1938年5月11日届出で場内信号機の位置を移転。1969（昭和44）年度に駅員を委託化・行き違い設備を廃止して営業最終日を迎えた。

部分廃止後の林駅跡。駅跡の雰囲気が残っていた。
1985.11.28　林　P：寺田裕一

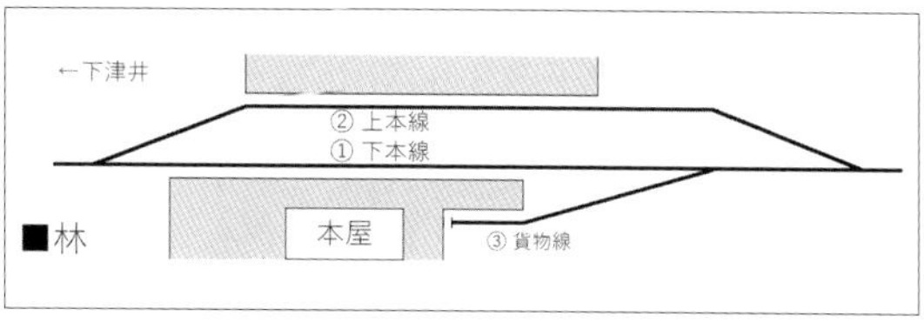

藤戸《ふじと》　駅中心：起点18km545m00

1949（昭和24）年6月20日届出で開設された停留場。終始無人停留場であった。

単式ホームの藤戸駅。　P：寺田裕一所蔵（撮影年月：不明）

天城《あまぎ》　駅中心：起点19km170m14

1912(明治45)年２月９日の工事施工認可時は行き違い可能駅として場内信号機を設置する計画であったが、開業時は行き違いがないことから設置を見送ることを1913(大正２)年11月８日に届け出た。1913年11月11日の開業時は上下ホームを持つ配線であったが、閉塞の取扱はなかった。1916年12月16日届出で貨物積卸場が設置された。1921年５月23日届出で施設を拡張、ガソリンカーによる運転回数増加に合わせて1928(昭和３)年２月６日届出で行き違い可能駅となり、場内信号機が新設された。ガソリンカーの運転開始時期が近付くと1928年３月12日届出でスプリングポイントが導入され、同年４月６日届出で側線が新設され、同年６月９日届出で待合室１棟が新設された。1935(昭和10)年８月16日届出で乗降場延長、駅舎建て替え。1968(昭和43)年に駅員を委託化・行き違い設備を廃止した(1968年２月20日改正の列車運行図表に閉塞取扱無となっている)。

対向式ホームの交換駅であった天城駅。最晩年は閉塞取扱が廃止されていた。　1959.12.24　天城　P：髙井薫平

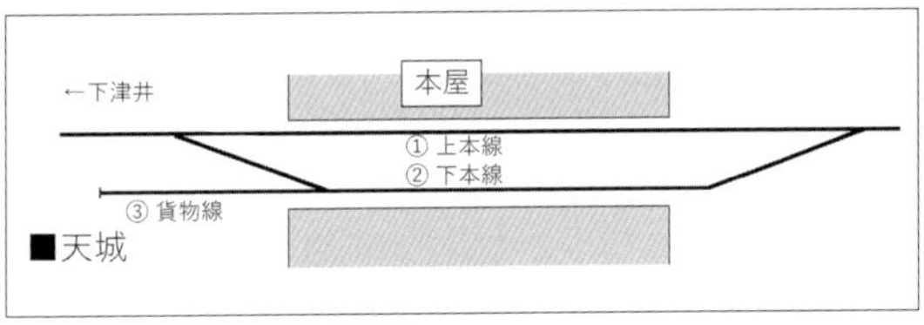

茶屋町《ちゃやまち》　駅中心：起点21km096m25

1913(大正２)年11月11日の開業時に新設された停車場。1915年８月17日届出で仮機関庫が設置され、貨物積卸場と側線が増設された。1916年10月13日に失火により機関庫が全焼した。1918年10月15日届出で貨物増から貨物上屋を増設した。1921年９月14日届出で駅本屋拡張、1923年10月１日届出で待合所と上屋各１棟新設、

1926(大正15)年９月13日認可で省宇野線茶屋町駅と共同停車場となり、社駅本家を撤廃し、１鎖25節を延長、そして配線変更がなされた。同年10月22日届出で荷物上屋が増設され、貨物積卸場廃止により、側線を増設。単端式ガソリンカーの導入に合わせて1927(昭和２)年12月13日工事方法変更認可申請で転車台が新設された。ガソリンカーの運転開始時期が近付くと1928年２月15日変更届で転車台の位置を変更し、側線を増設した。同年６月18日にも客貨車一時留置のための側線新設。1931年10月29日届出で連帯貨物取り扱い上必要として乗降場の一部を撤去し側線を延伸、かつガソリンカー収容の車庫１棟を新設。1941年２月９日届出で中継貨物積卸場を増設した。相対式ホームを持つ頭端式の配線で、天城方に側線があった。

廃線後は長らくバス乗降場として使用された。

部分廃止後も鉄道現役時代の面影を残していた茶屋町駅(跡)。バス停留場への通路として利用されている。　1976.5.3　茶屋町　P：今井啓輔

頭端式ホームの面影が残っていた茶屋町跡。　1985.11.28　茶屋町　P：寺田裕一

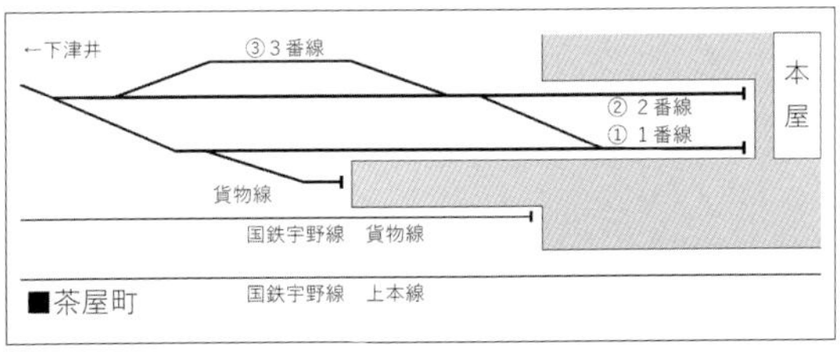

4．車両

(1) 蒸気機関車

1913(大正２)年11月11日の開業時から電化直後まで使用された。当初は客車と貨車を牽引して輸送の主力であったが、1928(昭和３)年からガソリンカーが大量に導入されると、稼働は低下した。蒸気機関車牽引列車はガソリンカー導入前の大正末期は９往復であったが、1935(昭和10)年には５往復に減った。海水浴客臨時輸送などの任務もあったことから1924(大正13)年度末から４両在籍、1946(昭和21)～1950(昭和25)年度末は５両在籍であった。

1949(昭和24)年５月１日の電化後も３ヶ月は混合列車を牽引したが、1949年８月１日から電車に切り替えられて使用を休止した。青木栄一氏によると労働基準監督署からボイラーの検査を通知してきたのを機会に1950年６月に廃罐届を提出、1951(昭和26)年７月28日に５両すべてが廃車となった。５両とも記録上はスクラップだが、12号と15号は1951年に茶屋町駅から無蓋車で搬出されたという。

牧野俊介氏の『自転車に抜かれたコッペルたち』には、大正末期から昭和初期の体験談として次の記載がある。

――ここの蒸機は１号がコッペルのB型、11号12号がコッペルのC型、13号がアーノルドユンク製のC型で、一番大きかった。この13号機は、いつ行っても庫内で休んでおり、なかなか動いているのを見る事が出来ませんでした。しまいには意地になって通った甲斐があって、やっと写す事ができた時はうれしかったものです。会社の人の話では１号機が一番調子良く13号機は軸距が長くて重いせいか線路を痛めるもので嫌われたそうです。――

●1号・11号・12号

1913(大正２)年11月10日認可で登場したドイツ・クラウス社製の四輪及び六輪連結機関車。製番は１号から順に6686・6786・6787で、クラウス製機関車の代理店である刺賀商会(東京)－三井物産を通じて1913年５月22日に購入され、建設工事にも使用された。当時開業した岡山県下の軽便鉄道の機関車に比較すると重量も気筒容積も大きく、勾配線区の多い当線に適した形であった。13号機入線後も終始主力機で、38年間働き詰めであった。

●13号

輸送量の増加に伴い、1922(大正11)年８月３日にイリス商会を代理店として購入したドイツ・ユング社製の六輪連結機関車。1923(大正12)年６月25日申請・1924(大正13)年４月８日認可で使用を開始した。軸距や軸重の関係から当線の軌道条件にうまく適合せず、予備機的存在に終始した。

●15号

戦後の1946(昭和21)年８月27日機関車購入認可申請・10月24日認可で釜石製鉄所からボトム機関車を

蒸気機関車12号機。1913(大正２)年の開業時から電化後まで使用されたクラウス製機関車。
1940.2.7　下津井　P：牧野俊介(所蔵：福田静二)

蒸気機関車15号機。釜石製鉄所より導入されたハンノバー製機関車。廃車（1951年7月28日）後に運び出される、直前の様子である。
1951.8.2　茶屋町　P：和久田康雄

購入した。1910（明治43）年ドイツ・ハンノバー製で、戦時中に仙鉄方式（動輪数・重量・番号）のC164に改番されたが、標記は15のままで、下津井でも改番することなく15号とした。

●無番機

戦時中に申請して割り当てられた10トンC形テンダー機（市川重工業製）。戦後になっても完成せず、電化計画が具体化すると不要になったが、占領軍CTSから認可を受けていたことから取り消しが困難で、1949（昭和24）年7月16日設計認可・10月21日認可・1950（昭和25）年1月10日竣功。1950年1月12日王子製紙に売却・1950年1月15日届で王子製紙苫小牧工場に譲渡（納車先は王子軽便鉄道）。以上は記録上の記載で、実際には直接苫小牧工場に納品された。王子製紙では、苫小牧工場から春日井工場に移籍となった。

（2）内燃動車

開業以来の経営不振に悩む下津井鉄道の幹部は、鞆鉄道と井笠鉄道でガソリンカーを目にし、動力費の安さに魅力を感じて導入を決意。1927（昭和2）年12月12日申請・同年12月21日認可でガソリン動力に依る車両使用が可能となり、永山久吉著『下電と私』によると1928（昭和3）年3月20日からガソリンカーの使用を開始した。当初導入のカハ1～4は単端式で、運行開始に合わせて下津井・味野町・茶屋町に転車台を設置し、下津井東・赤崎村・林・天城に行違い設備を新設した。これにより従来の運転本数の9往復が18往復の運行となって、フリークエンシーが増大した。1931（昭和6）年以降はボギー車を導入し、1937（昭和12）年には14両在籍となった。

なお、児島～茶屋町間廃止後に線路撤去工事の動力車として井笠鉄道ホジ3を購入したが、機械扱いで入籍しなかったので、本稿からは除外する。

●カハ1～4

ガソリンカーの第1号としてカハ1・2が1928（昭和3）年2月6日申請・3月1日認可・3月13日竣功届で登場した。日本車輌製の単端式ガソリンカーで、フォードT型20PSエンジンが運転室の前方に突き出している。鞆キハ1・2、井笠ジ3、三蟠フジ1と同型だが、ホイールベースが他社の2,500mmに対して2,200mmと短い。これについて、湯口　徹氏は『レイルNo.29』で、「カーブというより既設ターンテーブルの直径に合わせた為の特注とも思われるが確言はできない」と述べられている。座席は進行方向に対して左側が2人掛、右側が1人掛のクロスシート1組とロマンスシート1組他で、定員は21人。1928年6月23日車輛増加届でカハ3が増備された。カハ4は1929（昭和4）年5月16日申請・7月16日認可・10月12日竣功で、ボンネットが1cm短く、室内がサイドシートとなり、定員が30人に増加した。扉が従前の2枚折戸から戸袋付きの引戸に、屋根にガーランドベンチレーターがついた。日車製の単端式ガソリンカーは前後の簡単なバンパーに簡易なピンが付属していた。連結運転は考慮しておらず、故障時等の緊急牽引しか考えてられていなかった。

カハ2は1931（昭和6）年10月28日届、カハ1も1932（昭和7）年2月17日届で機関がフォードA型40馬力に更新され、両車とも1932年2月29日届出で鮮魚台が取り付けられた。カハ3は1932年9月19日届出で機関がフォードA型40馬力に更新され、カハ4は1932年12月20日届出で機関がフォードA型40馬力に更新され、運転席横座席位置が変更された。カハ２は1939(昭和14) 年７月12日廃車届で井笠鉄道に売却してジ13(後年はハ18) となった。残りの３両は代燃装置取り付けの記録はなく、戦後まで在籍したが、大型車が10両となるなか、どのように使われたかはわからない。カハ４は1950(昭和25) 年５月31日廃車、中日本重工業三原車輌製作所に入場し、機関をいすゞDA43に換装し、無手続きで鞆鉄道キハ１となった。カハ１・３は1952(昭和27) 年７月15日廃車で、台枠と車体を背中合わせに接合してクハ９に再生された。

●カハ５

最初のボギーガソリンカーで1931(昭和６) 年４月４日申請・５月12日認可・６月19日竣功で登場した。日本車輌製で、定員は68人、機関は米国ウイスコンシン州に本社を置くウォーケシャ発動機会社の同社6MS型55.7PS。農業トラクター用に開発された強トルク大出力エンジンであった。勾配区間での空転防止を目的として、動軸にかかる荷重を大きくするために台車の心皿位置を動軸寄りにずらした偏心台車と呼ばれる鋳鋼製台車を導入した。このシリーズ以降は手動式ブレーキに加え、空気圧によるSME非常弁付直通空気ブレーキが装備され、保安性が大幅に向上した。

ボギー気動車の連結器は、客車や貨車の連環連結器ではなく、ピンリンク式を採用した。1934(昭和９) 年６月28日届出で鮮魚専用貨車を連結するべく連環連結器を簡易緩衝連結器に変更した記録が残るが、湯口徹氏によると当初はピンリンク式であったという。当初は荷台なしで登場したが、1934年に両側に荷台を取り付け、代燃装置取り付けの記録はなく、戦時中の使用状況は不明。電化と同時にクハ５となった。

●カハ６・７

カハ５の増備車として1931(昭和６) 年11月21日申請・12月16日認可・1932(昭和７) 年２月17日竣功局届で登場した。両側に荷台を付け、ボギーセンター間を500mm延伸し、窓が下段上昇式となった。1934(昭和９) 年６月28日届出で鮮魚専用貨車を連結するべく連結器を簡易緩衝連結器に変更した。代燃装置取り付けの記録はなく、戦時中の使用状況は不明。電化と同時にクハ６・７となった。

●カハ８

カハ６・７に続いて1933(昭和８) 年５月12日申請・４月17日認可で登場した。加藤車輌製作所製で、機関は同形ながら車体はさらに大型化された。機関はウォーケシャ6MSから出力を70％アップした6MKに変更され、以降の増備車もこれを踏襲した。

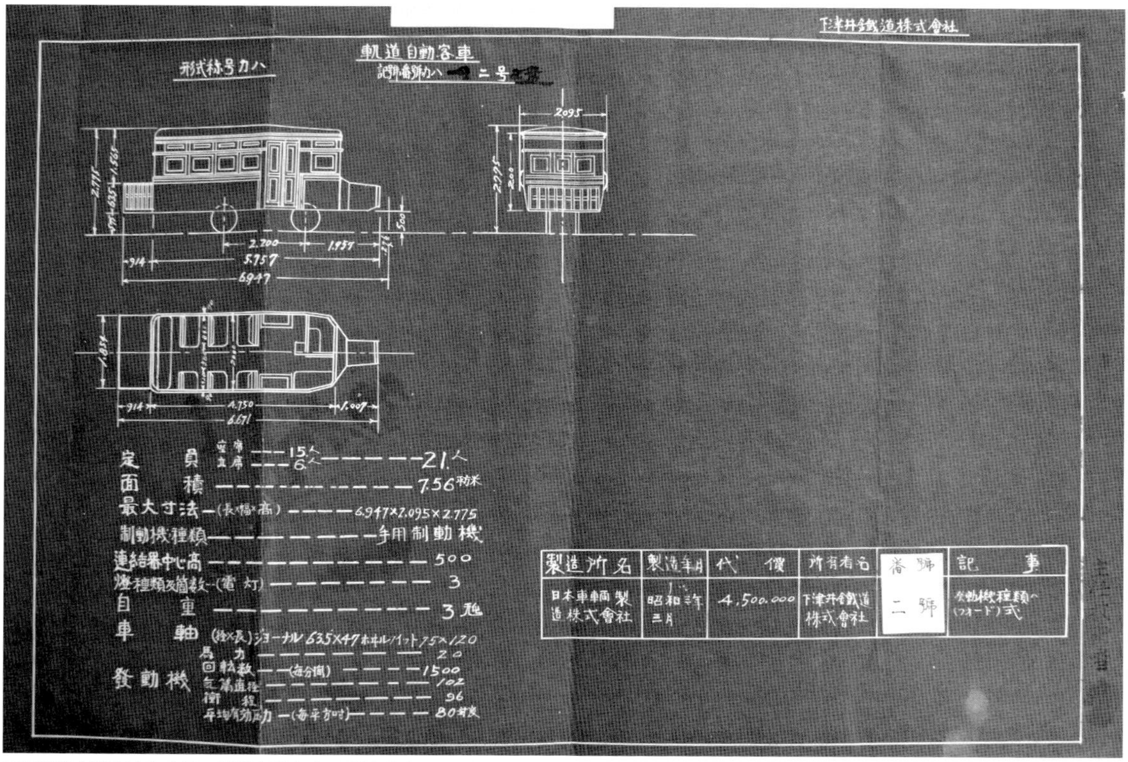

■瓦斯倫自動客車廃車届　軌道自動客車　記号番号**カハ２号**

所蔵：国立公文書館

モハ50　鮮魚台付きのガソリンカー、カハ50の改造で、1960年代に箱型車体のモハ110に再改造された。
1959.12.24　下津井　P：髙井薫平

1934(昭和９)年６月28日届出で鮮魚専用貨車を連結するべく連結器を簡易緩衝連結器に変更した。1943(昭和18)年１月19日認可で鮮魚台の一端に木炭瓦斯発生装置が取り付けられた。電化と同時に制御客車クハ８となった。

●カハ50～55

カハ８に続いて1934(昭和９)年２月11日申請・４月17日認可・５月17日竣功届でカハ50・51が登場した。運転台側に乗務員扉を設置し、車掌台側は通常の２段窓であった。1934年６月28日届出で鮮魚専用貨車を連結するべく連結器を簡易緩衝連結器に変更した。1936(昭和11)年３月25日増備竣功届でカハ52が増備された。以降は当初から簡易緩衝連結器であった。1936年７月25日設計認可申請・９月17日認可のカハ53は別設計扱いとなり、鮮魚台長さが700mmから855mmに延長された。1937(昭和12)年４月22日増加届でカハ54・55が登場した。

1939(昭和14)年11月28日申請でカハ51が木炭瓦斯発生炉併用装置取り付けの記録が残る。電化と同時に電動客車モハ50～55となった。

(３) 電車

電化当初の電車はボギー気動車を改造した10両がすべてで、電動客車が６両・制御客車が４両であった。不足分は客車を付随車として連結した。1951(昭和26)年以降は新造電車の増備が続き、1961(昭和36)年までに電動客車３両、制御客車４両が新造された。1956(昭和31)年には栗原電鉄から電動客車３両を購入して付随車化し、これで客車の連結はなくなった。1961年には２両固定編成が登場し、1964(昭和39)年と1965年にガソリンカー改造車の車体更新がなされて電動客車２両と制御客車２両が登場した。これにより３両編成３本と、２両編成２本となり、検査入場時以外はほとんどの列車が編成車の運行となり、ガソリンカー改造車は混合列車での貨車牽引が主な任務となった。ガソリンカーからの車体更新はさらに計画されていたが、乗客減から必要編成本数が減少し、車体更新は中止となって部分廃止を迎えた。

電車の塗色は、電化当初はチョコレート色一色で、屋根がクリーム色であった。1951(昭和26)年に新造したモハ101とクハ21はチョコレート色をベースに窓回りがクリームとなり、この塗色は木造客車にも及んだ。ガソリンカー改造車は1952(昭和27)年頃に水色をベースに窓回りがレモンイエロー、シルに赤帯といったものが現れた。さらに1961(昭和36)年登場のモハ103＋クハ24はクリームがベースに窓回り赤となり、編成車両はこれに統一された。

●モハ50〜55・クハ5〜8

電化と同時にボギー気動車カハ50〜55を改造してモハ50〜55に、カハ５〜８をクハ５〜８とした。1948(昭和23)年12月15日車輌改造認可申請・1949(昭和24)年４月22日認可であった。改造を担当したのは東京電機車輌という会社の下津井出張工作であった。電気部品は東洋電機から供給された。改造内容は電動客車が、床下の機関・変速機・燃料タンクを撤去し、台車枠を補強し、車軸軸受荷重が不均衡になっている偏心台車にそのまま端梁を設けて、吊り掛け式22kwモーター４個を装架した。手動式単位スイッチ制御器(HL制御器)および機器一式を搭載し、屋根上にパンタグラフを取り付けた。制御客車は駆動系の機器を撤去した。電動車は両運転台のまま、制御車は下津井側のみ運転台を残した。1949年７月15日車輌設計変更認可申請で、貨車を牽引するため、バッファー付き連環式連結器が追加された。申請当時はモハ52＋クハ５、モハ53＋クハ６、モハ54＋クハ７、モハ55＋クハ８が編成を組んでいて、連環式連結器はモハの上り方、クハの下り方に増備、モハ50とモハ51は上り方と下り方の両方に増備された。これにより、非常に物々しい外観となった。

電動客車の台車については次の届がある。

昭和二十五年十二月二十日
下津井電鉄株式会社
取締役社長　永山　一己

運輸大臣　山崎　猛　殿

電動客車台車取替使用認可申請書

弊社所有電動車は現在六輌で、旅客輸送繁忙期には全車輌を稼働している状態ですが、車輪タイヤの摩耗甚だしいため予備車一輌分を購入し、タイヤ削正の際取替使用し、電動車台車関係の検査の向上並びに電車運用効率をよくしたいと思ひますので、関係書類、図面を添付し申請致しますから何卒御認可願ひます。

モハ52　カハ52の改造で、部分廃止時までモハ52のまま使用された。
1969.3.18　下津井　P：藤本哲男

モハ55　カハ55の改造で、こちらも部分廃止時までモハ55のまま使用された。
1963.3.4　下津井　P：荻原二郎

モハ65　カハ53改造のモハ53が1958年に改番されたもの。部分廃止時まで使用された。
1967.5.5　下津井　P：今井啓輔

クハ5
ガソリンカーのカハ５より改造された制御車で、部分廃止時まで使用された。
1969.3.18　下津井　P：藤本哲男

クハ6　カハ6より改造された制御車で、部分廃止時まで使用された。　1969.3.18　下津井　P：藤本哲男

クハ7　カハ7より改造された制御車で、1965年に箱型車体のクハ26に改造されたが、部分廃止時に廃車された。　1962.8.3　下津井　P：田尻弘行

台車を取替使用する車輌番号

モハ第五〇号　第五一号　第五二号　第五三号　第五四号　第五五号

二、台車の形式比較

新台車　形　　式　揺動ボルスター型

製造所名　扶桑金属工業株式会社

在来台車　形　　式　揺動ボルスター型

製造所名　加藤車輌製作所

1964(昭和39)年と1965年にモハ54・51は旧荷台の分まで車体を延長しモハ104・105に、クハ7・8も車体を延長してクハ26・25となった。またモハ53は1958(昭和33)年2月15日届でモハ65に改番した。

モハ101
1951年日立製作所製の新造車両で、両運転台で製造されたが1962年にクハ21と固定編成化され、部分廃止時まで使用された。制御装置がMMC電動カム軸式で、他の編成との連結運転はできなかった。
1962.8.3　下津井
P：田尻弘行

上半部赤色、下半部クリーム色のツートンカラーに塗られたモハ101。　1974.9.23　下津井　P：髙井薫平

モハ101と同様、ツートンカラーに改められたクハ21。　1969.3.18　下津井　P：藤本哲男

クハ21
モハ101と同時に製造された同型の制御車。モハ101と固定編成を組み、他の車両との連結運転はできなかった。
1962.8.3　下津井
P：髙井薫平

●モハ101・クハ21

最初の新造電車で、1951(昭和26)年10月24日認可で日立製作所笠戸工場製の両運転台車が登場した。日立製作所独特のMMC電動カム軸式自動加速制御装置を採用したが、パイロットモーターやカム軸のメンテナンスに手がかかり、在来のモハ50形HL制御車と併結運転や制御車の使い回しができず、限定的な運用となった。1962(昭和37)年８月29日認可で編成の固定化を計画して連結面の運転台を撤去して定員を６名増加させて82人に。1963(昭和38)年８月12日認可で幅680mmの貫通路と貫通幌を設けて固定編成化した。

●モハ102、クハ22、クハ23(→モハ1001)

モハ102とクハ22は1954(昭和29)年４月ナニワ工機製、クハ23は1954年５月帝国車輌製で、同年７月22日認可で使用を開始した。HL制御に戻り、側窓は２段式で、上部固定窓はゴムサッシュ仕上、２両製造された制御車は、在来車と混用されてラッシュ時の混雑改善に威力を発揮した。前照灯はカバーを後方に延ばして埋め込み式とした。モハ102は当初両運転台車であったが、1964(昭和39)年８月29日認可でモハ102＋サハ３＋クハ22の３両編成となり、この時、モハの下津井方運転室は撤去され、連結面は700mm幅の貫通路で結ばれた。この時に従来固定であった運転室正面窓は、上部を軸に前に開くように改められた。

クハ23は、サハ１または２を間に挟んでモハ50形と３両編成を組むことが多かった。

部分廃止後は、モハ102＋サハ３＋クハ22の中間車がサハ２に改められた。３両編成は輸送力過多で通常運用から離脱し、児島競艇開催日等の多客時には輸送の任に就いた。2000系入線により役目を終え、1990(平成２)年２月28日に廃車となった。また、クハ23は、部分廃止後の1972(昭和47)年10月にワンマン電車に改造されてモハ1001となった(31頁参照)。

モハ102
1954年製の新造車で、いわゆる「バス窓」と呼ばれる側面窓が特徴。この翌年の1964年８月29日認可で３両編成となるので、クハ22との２両編成を組むのは登場から約10年間であった。
1963.3.4　茶屋町
P：荻原二郎

赤とクリーム色のツートンカラーに改められたモハ102。
1969.3.18　下津井　P：藤本哲男

クハ22　モハ102と同時に製造された制御車。
1971.7.26　下津井　P：荻原俊夫

クハ23　クハ22と同型の制御車。部分廃止後の1972年10月に電動車化され、モハ1001となった。
1963.3.4　下津井
P：荻原二郎

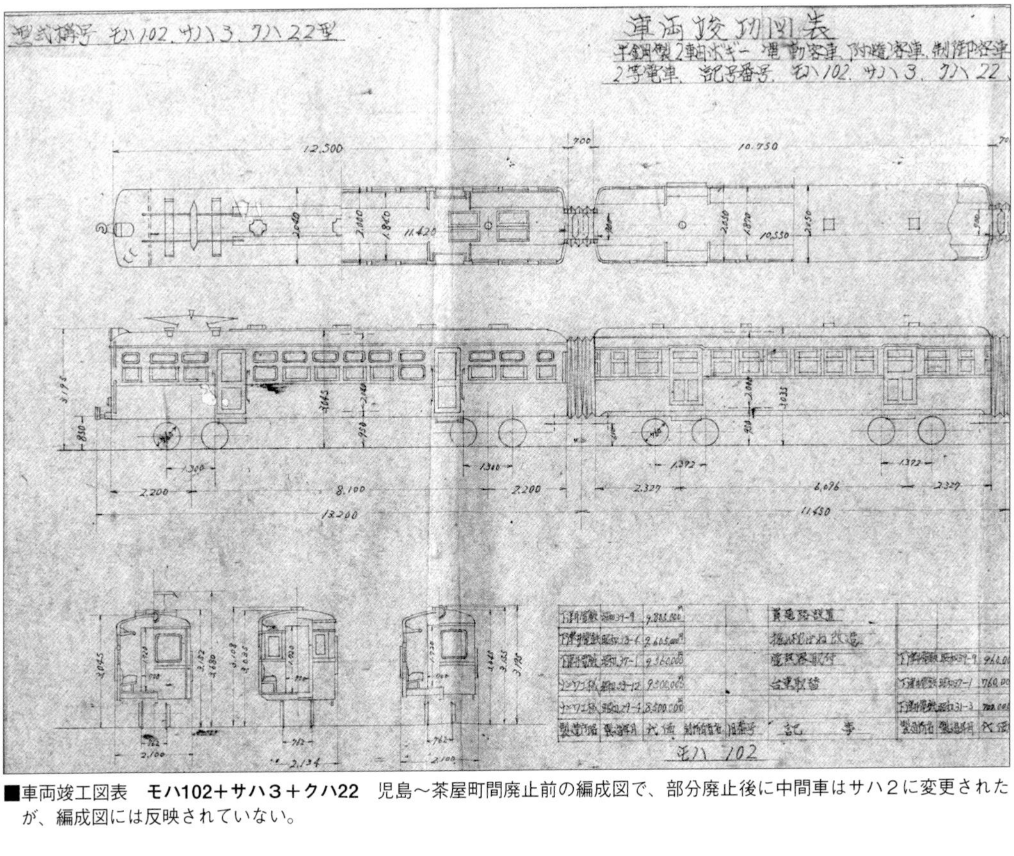

■車両竣工図表　**モハ102＋サハ３＋クハ22**　児島～茶屋町間廃止前の編成図で、部分廃止後に中間車はサハ２に変更されたが、編成図には反映されていない。

クハ9

単端式ガソリンカー２両（カハ１とカハ３）の車体を背中合わせに結合するという、大胆な改造で登場した制御車。サハ１を挟み、モハ50形との３両編成で活躍していた時の写真。下津井方に運転台を持ち、ひとつ目玉の大きな前照灯が目を引いた。

1959.12.24　下津井
P：髙井薫平

●クハ９

単端式のガソリンカーであったカハ１～４は燃料事情が厳しくなると使用を停止して、電化後も在籍はしていたものの使用されることはなく、カハ１・３は1952（昭和27）年７月15日に廃車となった。その２両の車体と台枠を背中合わせにするという離れ業を自社下津井工場で実施し、1954（昭和29）年７月27日設計認可で誕生した。元来２枚折戸であった扉は戸袋付きの引戸とし、鮮魚台の分も車体として窓２個を新設した。台車は旧車の軸箱守をそのまま使い、リーフスプリング・ボルスタースプリング共にコイルで、ブレーキは内側片押しとした。異端車両であったことから使用は限定的であった。

部分廃止時まで車籍があった。

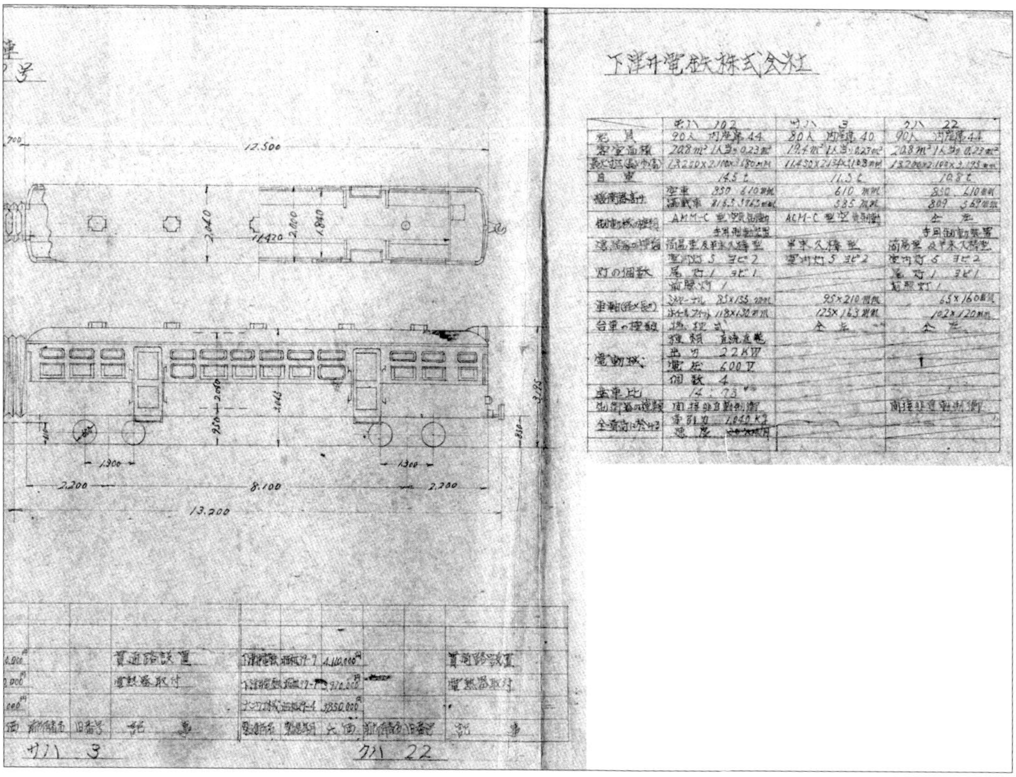

サハ１　栗原電鉄の改軌により不要となったモハ2400形３両を譲り受け、付随車サハ１～３としてデビューした。
1969.3.18　下津井　P：藤本哲男

サハ２　栗原電鉄からの譲渡車は３両とも付随車となった。サハ２は部分廃止後も残り、モハ102・クハ22の中間車として多客時に使用された。　1969.3.18　下津井　P：藤本哲男

サハ３　栗原電鉄からの譲渡車で、栗原時代から他の２両とは大きくスタイルが異なっていた。　1971.7.26 下津井　P：荻原俊夫

●サハ１～３

東北本線の石越から分岐して細倉鉱山に至っていた栗原電鉄は、軌間762mmの蒸気鉄道として開業、762mm軌間のまま1950(昭和25) 年９月21日に電化し、５年後の1955(昭和30) 年９月26日に1,067mm改軌して２度手間をかけて1,067mmの電気鉄道となった。1,067mm改軌時、762mm軌間の動力車は、機関車は改軌して使用したが、電車は新造した。そのため、不要になった電車３両が下津井入りした。

栗原電鉄モハ2401～2403は1950(昭和25) 年９月の電化時に日本鉄道自動車で新造(2403のみ1951年10月

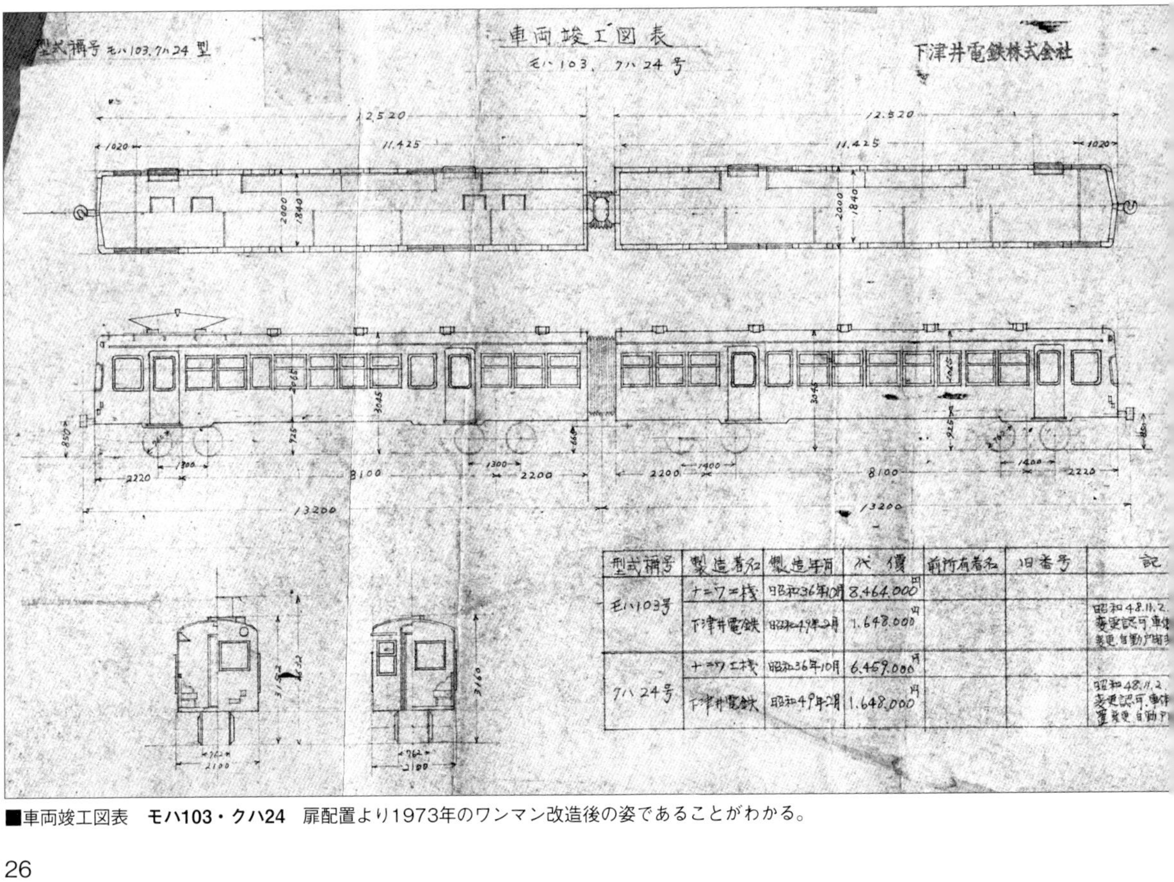

■車両竣工図表　**モハ103・クハ24**　扉配置より1973年のワンマン改造後の姿であることがわかる。

モハ103

1961年、クハ24とともに固定編成として新造された車両で、路線廃止時まで下津井電鉄の主力車両として活躍した。部分廃止前最後の新車で、以降はモハ50形からの車体更新を行って全長12m級車体の編成を登場させた。

1971.7.26　下津井　P：荻原俊夫

製でスタイルが大きく異なる）したもので、1,067mm改軌が成ると3両揃って下津井入りした。竣工は1956（昭和31）年4月2日で、直接制御車で総括制御が不能であったこともあってサハとなった。サハ2と3は両側に貫通路を設け3両編成の中間車となったが、サハ1は貫通路設置がなされず原形を留めていた。

部分廃止後にサハ1と3は廃車となり、サハ2のみモハ102とクハ22の3両編成の中間車として生き永らえた。

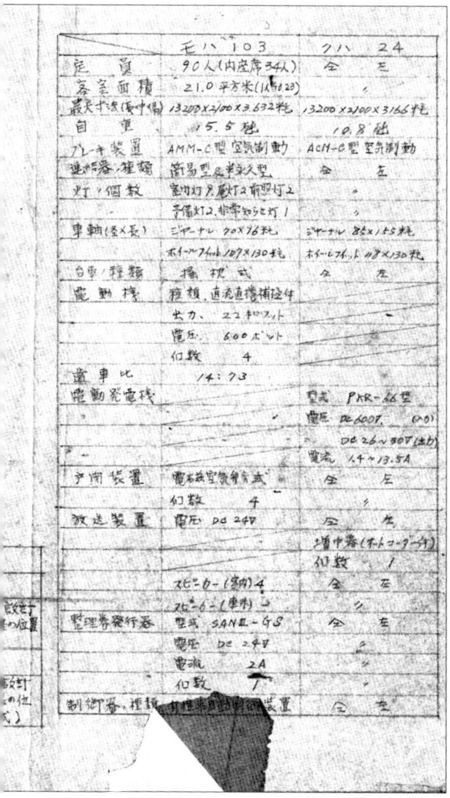

	モハ103	クハ24
定員	90人（内座席34人）	仝左
客室面積	21.0平方米（1人0.23）	〃
最大寸法（長×巾×高）	13200×2100×3632粍	13200×2100×3166粍
自重	15.5瓲	10.8瓲
ブレーキ装置	AMM-C型空気制動	ACM-C型空気制動
連結器ノ種類	簡易型及半永久型	仝左
灯ノ個数	室内灯9、尾灯2、前照灯2	〃
	予備灯2、非常知らせ灯1	〃
車軸（径×長）	ジャーナル 70×76粍	ジャーナル 85×155粍
	ホイールフィット 107×130粍	ホイールフィット 118×130粍
台車ノ種類	揺枕式	仝左
電動機	種類、直流直捲補極付	
	出力、22キロワット	
	電圧、600ボルト	
	個数 4	
歯車比	14：73	
電動発電機		型式 PKR-66型
		電圧 DC600V（入力）
		DC26～30V（出力）
		電流 1.4～13.5A
戸開装置	電磁空気弁式	仝左
	個数 4	〃
放送装置	電圧 DC24V	仝左
		増巾器（ホトコーダー付）
		個数 1
	スピーカー（室内）4	仝左
	スピーカー（車外）2	〃
整理券発行器	型式 SANⅡ-GS	仝左
	電圧 DC24V	〃
	電流 2A	〃
	個数 1	〃
制御器ノ種類	[illegible]装置	仝左

●モハ103＋クハ24

1961（昭和36）年10月ナニワ工機製、1961年8月15日認可で登場した。乗務員扉が運転台側と車掌台側の双方に新設され、下電初の貫通幌付の2両固定編成として登場した。正面は上部をやや傾斜させた2枚窓で、前照灯2灯を上部に埋め込み。側窓は、戸袋窓のみゴムサッシュ、その他はアルミ窓枠を採用する近代的なスタイルであった。2つの大きな前照灯のスタイルから「コオロギ電車」と呼ばれた。

部分廃止後、1973（昭和48）年11月2日認可でワンマン化改造がなされ、乗務員扉が埋められたほか運転台側客用扉が運転台側に寄せられ、整理券発行機と運賃箱が取り付けられた。朝夕時間帯に常時使用され、下電の看板電車であった。塗色は登場以来、赤とクリームの塗り分けであったが、1985（昭和60）年6月に白地に赤帯となり、1988（昭和63）年以降はフジカラーの広告電車であった。

ロングシートが設置されたクハ24の室内。　1971.7.26　下津井　P：荻原俊夫

ワンマン改造後のモハ103＋クハ24。前位扉が運転台直後に移設されているのが外観上の特徴。正面進行方向右側の窓を下端から1/3ほどの位置で分割した下段上昇式の二段窓となった。 1976.5.3 下津井 P：今井啓輔

クハ24

モハ103と固定編成を組む車両で、製造当初より赤とクリーム色のツートンカラーが採用された。以降の編成車両もこのカラーリングに変更されていった。

1971.7.26 下津井 P：荻原俊夫

ワンマン改造後のクハ24。改造前に比べ、正面の塗り分け線も若干変更され、赤の面積が広がっている。

1976.5.3 下津井 P：今井啓輔

1985年以降、モハ103＋クハ24に施された白地に赤帯の塗装。

1985.11.28 下津井 P：寺田裕一

1988年以降、モハ103＋クハ24に施されたフジカラーの広告塗装。

1988.4.18 下津井 P：寺田裕一

モハ104　ガソリンカー改造電車カハ54改造のモハ54を、1964年に箱型車体に改造した車両で、部分廃止時に廃車された。
1969.3.18　下津井　P：藤本哲男

●モハ104・105、クハ25・26、
モハ110

モハ103＋クハ24以降の編成車は、ふたつの方針の下で、ガソリンカー改造電車を改造することとなった。ひとつ目は、荷台の車端部分まで客室を延長して定員を増加させ、固定編成化して700mm幅の貫通路と貫通扉を設けること、ふたつ目は屋根を鋼板張りに変えることであった。

これによって1964(昭和39) 年３月28日認可でモハ54とクハ８が改造されてモハ104とクハ25となり、1965(昭和40) 年１月18日認可でモハ51とクハ７がモハ105とクハ26となった。施工は下津井工場で、電装品と台車は流用され、旧車体も基本的には引き継がれた。そのため、全長こそ12,500mmで統一されたが、ボギーセンターの位置・客用扉の位置がモハとクハで異なり、またクハの２両にも差異があって、クハ26は他の３両と比べて窓配置と窓幅が異なった。モハ104とクハ25は間にサハ２を挟んで３両編成となった。当初計画では、モハ65とク

モハ105　カハ51改造のモハ51を、1965年に箱型車体に改造した車両で、部分廃止時に廃車された。
1971.7.26　下津井　P：荻原俊夫

クハ25　カハ８改造のクハ８を1964年に改造した制御車で、モハ104・サハ２と３両編成を組んだ。部分廃止時に廃車された。　1965.8.18　下津井　P：藤本哲男

クハ26　カハ７改造のクハ７を1965年に改造した制御車で、モハ105と２両編成を組んだ。窓配置がクハ25と異なる。部分廃止時に廃車。
1967.5.5　下津井　P：今井啓輔

モハ110　カハ50改造のモハ50を、1965年に両運転台の制御電動車に改造した車両で、部分廃止後も一時残存したが、1988年に鷲羽山駅の待合室となった。
1975.3.25　下津井　P：寺田裕一

ハ６をモハ106とクハ27に改造する方針であったが、旅客減から実行されなかった。

その後（1965年か1966年に）モハ50がモハ110に改造された。貨車入換の便を図って４ヶ所に乗務員扉が設けられた。両運転台のままで、貨車牽引に重用された。鷲羽山駅の待合室となったモハ110車体には、1961（昭和36）年に荷台付き電車から改造された旨が記されていたが、青木栄一氏の1965年当時と思われる記述はモハ50のままなので、モハ110への改造はそれ以降であったと推察する。

部分廃止時にモハ110以外は廃車となり、モハ1001のワンマン化改造が完了するまでは当車が唯一の単行車両として重用された。この時点ではバッファー付き連環式連結器と簡易緩衝連結器の２種類の連結器を装備し、ものものしい外観であった。

モハ1001がワンマン運転を開始すると、使用されることはなくなり1977（昭和52）年度に除籍された。その後は下津井の構内での留置が続き、1988（昭和63）年になって座席と機器を撤去して再塗装、貨車の台車を付けて鷲羽山駅の待合室に転用された。

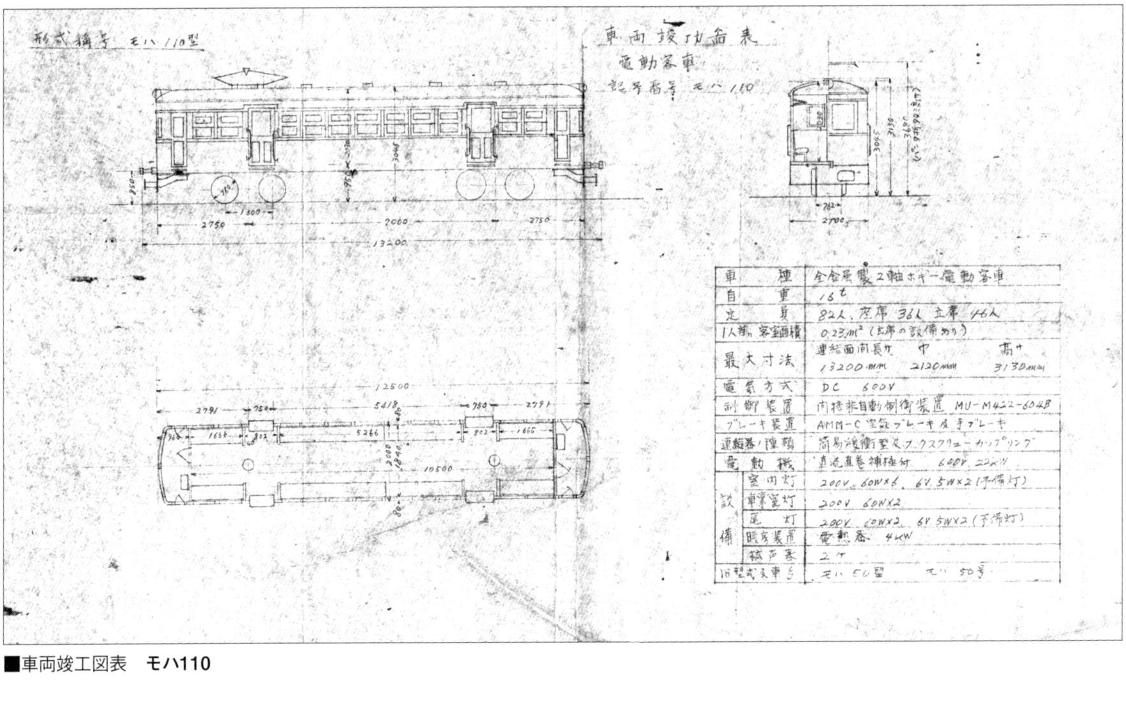

■車両竣工図表　**モハ110**

●モハ1001

1954(昭和29)年5月に帝国車輌で新造したクハ23(23頁参照)を、部分廃止後の1972(昭和47)年10月にワンマン電車に改造してモハ1001とした。クハ時代はサハ1または2を間に挟み、ガソリンカー改造車のモハ50形と編成を組んだ。

ワンマン電車化改造は、モハ52などの電装品を転用し、客用扉を運転台寄りに移設してワンマン機器を取り付けた。当初は正面窓が上昇式で簡易緩衝式連結器しか持っていなかったが、後に正面窓ゴムサッシュ化がなされ、モハ110のリンク式カプラーを装備した。1984(昭和59)年9月からは「赤いクレパス号」と称する落書き電車となり、その年の11月には車内座席の海側をバスのシート(下津井向き・児島向き各4脚)に変更した。

営業最終日まで在籍したが、最晩年は老朽化から使用頻度は少なかった。廃止後に外装は再塗装され、今も下津井(駅跡)に残る。

モハ1001　1954年製の新造制御車クハ23を、1972年に両運転台の制御電動車に改造したもの。
1974.9.23　下津井　P：髙井薫平

1984年に「赤いクレパス号」と称する落書き電車になって以降のモハ1001。
1985.11.28　下津井　P：寺田裕一

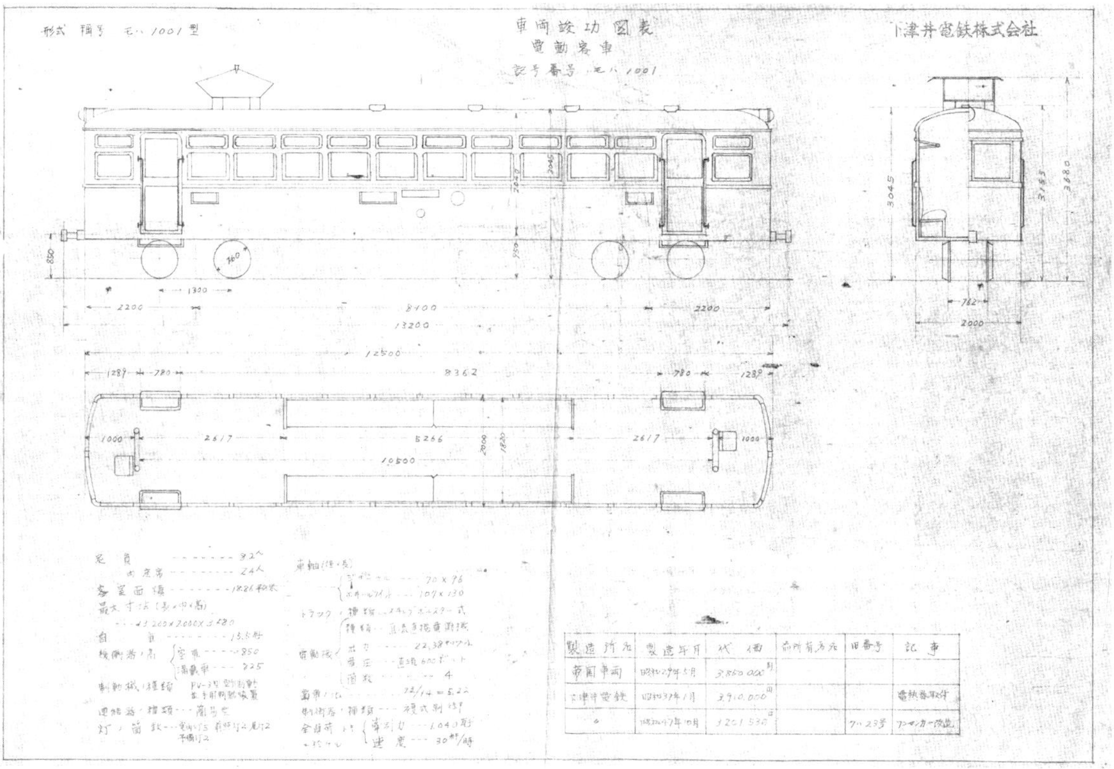

■車両竣工図表　モハ1001

モハ2001　観光鉄道化を目指して導入された「メリー・ベル号」の下津井方先頭車。主電動機は在庫品を絶縁強化して出力アップ、制御器は従来の東洋電機製のHL制御、台車は住友FS538、補助電源装置は静止型インバータ(SIV)、ブレーキも電気指令式電磁直通(HRD-1)とするなど、当時の最新技術を積極的に導入した。　1988.4.18　下津井　P：寺田裕一

●モハ2001＋サハ2201＋クハ2101

瀬戸大橋開業を目前に控え、JR本四備讃線茶屋町～児島間開業と同じ1988(昭和63)年３月13日に営業運転を開始した。アルナ工機製の３両編成で、「メリー・ベル号」と名付けられた。外観は「大正ロマン電車」のイメージコンセプトにより、ダブルルーフ、Ｚパンタ集電。運転席の前に展望デッキを設け、アクセントとしてベルを取り付けた。塗装は赤一色。先頭車の前部客室は海側が２人掛クロスシート、山側がロングシートで、冷房装備。先頭車の後部と中間車は鋳物フェンスを用いたオープンデッキで、長いサイドシート部分は全て海を向いた。瀬戸大橋観光の目玉として期待が高かったが、観光客は集まらず、すぐにサハを外して２両編成となった。廃止までの在籍は３年に満たず、悲運であった。その後、2003(平成15)年４月に三岐鉄道となった北勢線への譲渡話もあったが、実現しなかった。今も下津井に留置されている。

「メリー・ベル号」の開放的な室内(サハ2201)　1988.4.18　下津井　P：寺田裕一

サハ2201　乗客減に伴い晩年は編成から外されていた。　1990.8.23　下津井　P：寺田裕一

クハ2101　「メリー・ベル号」の児島方先頭車で、クハでありながらパンタグラフを持っていた。　1988.4.18　下津井　P：寺田裕一

ホハ10・ホハ1　1923年加藤車輌製のダブルルーフ客車ホハ10と、1913年清水鐵工所製のシングルルーフ客車ホハ1。
1939.8.1　下津井　P：牧野俊介（所蔵：福田静二）

(4) 客車

1938（昭和13）年３月31日車輌記号変更届でボハ、ボハブの濁音が外れてホハ、ホハフとなったが、個々の紹介では省略する。

●清水形

味野町～茶屋町間の開業に合わせて1913（大正２）年11月10日認可でボロハ１・２、ボハ１～４、ボハブ１・２の８両が大阪の清水鐵工所で新造された、シングルルーフのオープンデッキ式ボギー客車。1919（大正８）年12月12日付で客車の室内照明が久美式と呼ばれる石油ランプから電灯に変更され、緩急車ボハブ１・２の車掌室に発電機と蓄電池を備えたことから自重が0.1ｔ増加した。

●内田形

下津井～味野町間の開業をきっかけに1914（大正３）年７月23日認可でボロハ３、ボハ５～８の５両が岡山の内田鐵工所で新造された。ダブルルーフの切妻ボギー客車である。1919（大正８）年12月12日付でボハ７がボハブ３となり、同時にボハ８の番号が７（二代）に繰り上がった。1919年12月12日付で客車の室内照明が久美式と呼ばれる石油ランプから電灯に変更され、緩急車ボハブ３の車掌室に発電機と蓄電池を備えたことから自重が0.1ｔ増加した。

ホハフ２
1913年の開業時に清水鐵工所で製造されたシングルルーフ客車。1958年まで使用されたが、廃車後も下津井で台車を外して留置され、その時にデッキの柵は撤去されていた。　2002.2.2　長船　P：寺田裕一

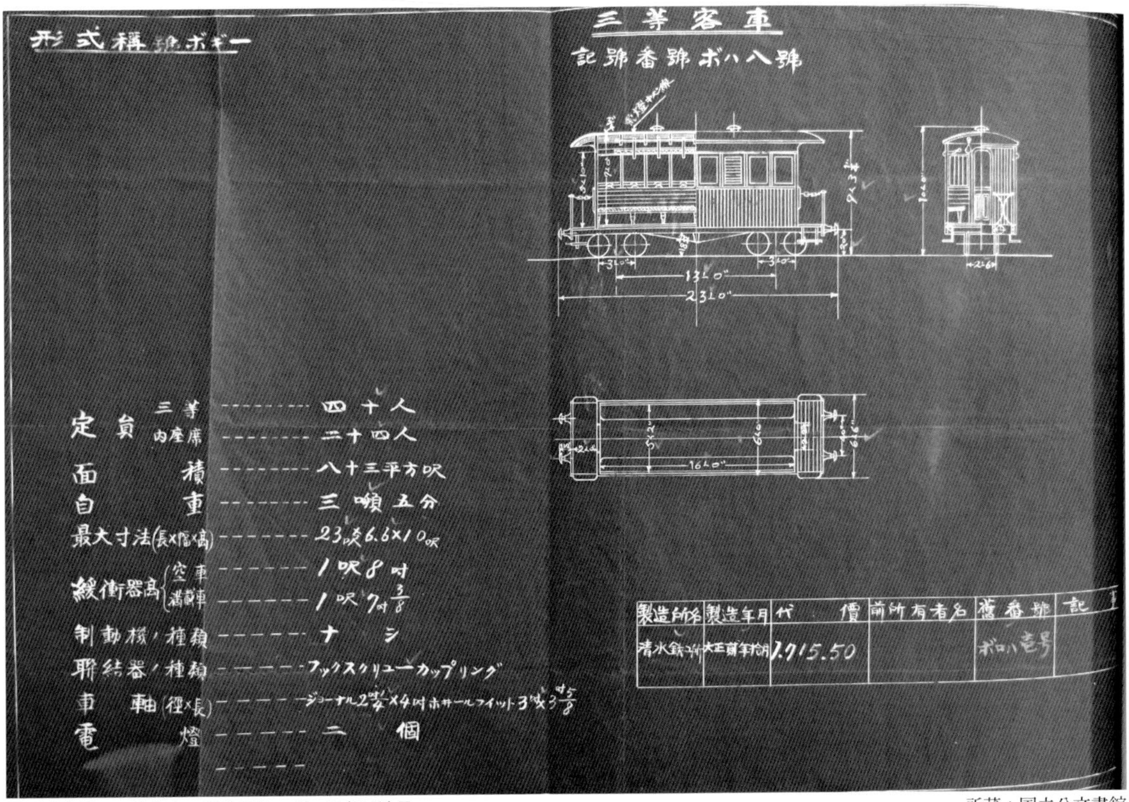

■形式称号　三等客車　記号番号　**ボハ8(二代)号**　　所蔵：国立公文書館

●加藤形

1923(大正12)年2月20日認可で加藤車輌製作所にて新造したダブルルーフの大型客車で、1923年3月から使用を開始した。ボロハ1～3に続くボロハ4を名乗るが、最大高と最大長が大きい。最大高が車両定規に抵触して手直しをした形跡があり、どこかの注文流れと思われる。最大長が長くボギー中心間18フィートは曲線半径が小さい当鉄道には無理があり、1923年10月30日認可で14フィートとすると、今度は「車輪ノ前後部分二於ケル車體ガ漸次降下スルヲ防止セントスル二依ル」すなわち両端のオーバーハング部分の垂下が生じ、1926(大正15)年7月20日認可で元の姿に戻った。

1923年7月19日認可でボロハ1がボハ8(二代)に変わり、1924(大正13)年2月にボハ7(二代)はボハフ4に変わりボハ7はしばらく空番となる。1926(大正15)年8月23日客車種別並定員変更届で、二・三等制から全て三等となり、ボロハ2～4はボハ9～11に改番され、定員が変更となった。

旧車種	変更車番	旧定員	変更定員	吊革増設
ボロハ2	ホハ9	30	40	6本
ボロハ3	ホハ10	32	40	6本
ボロハ4	ホハ11	48	60	12本

ボハフ4は、1938(昭和13)年以前に再びボハ7(三代)となった。

1949(昭和24)年5月1日に電気運転が始まると1950(昭和25)年10月27日設計変更届でホハ1・2・4・11がホハフ4(二代)・5・6・7に改造された。

●赤穂形

電化後の1952(昭和27)年8月27日認可で赤穂鉄道ホハ50・52・54を購入してホハ30～32とし、ホハ32は1953(昭和28)年6月に電車に牽引されるべくホハフ32に、ホハ30は1956(昭和31)年8月にホハフ30となった。電化後に客車を購入したのは、夏季の海水浴客輸送に備えてとのことと、近くに位置する赤穂鉄道が1951(昭和26)年12月12日に廃止になって、「出物」ととらえてのことであったと推察される。当時の代価7万円が「出物」であったかはともかく、輸送経費は割安であったことは間違いなかったと思われる。

1913(大正2)年日本車輌製の両備軽便鉄道(現在の福塩線福山方)コロハ1～5として誕生、1933(昭和8)年9月1日に国有化され鉄道省ケコハ220～224に、1935(昭和10)年12月14日に1,067mm改軌で不要となり、1936年に赤穂鉄道が購入してホハ50～54としていた。そのうちの3両を購入した。ダブルルー

ホハフ30

赤穂鉄道から購入された木造ダブルルーフ客車。製造時に2・3等合造車であった名残で、窓柱に一部幅が広いところが見られる。赤穂鉄道廃止後に導入したが、活躍期間は長くはなかった。客車としては最後まで在籍した2両のうちの1両であった。

1959.12.24　下津井

P：髙井薫平(左)／田尻弘行(下)

フ、オープンデッキのスタイルであった。

ホハ31は1956(昭和31)年3月23日に廃車、1956年4月2日認可で栗原電鉄からサハ1～3が入線すると客車は大量に廃車となり、1961年12月5日にホハフ30と32が廃車になると、客車の在籍は無くなった。

廃車後の客車は、一部は下津井構内で倉庫に転用されたが、ほとんどが解体された。現存する客車は長船に保存されたホハフ2(33頁参照)のみで、デッキの形状が現役時代とは異なる。

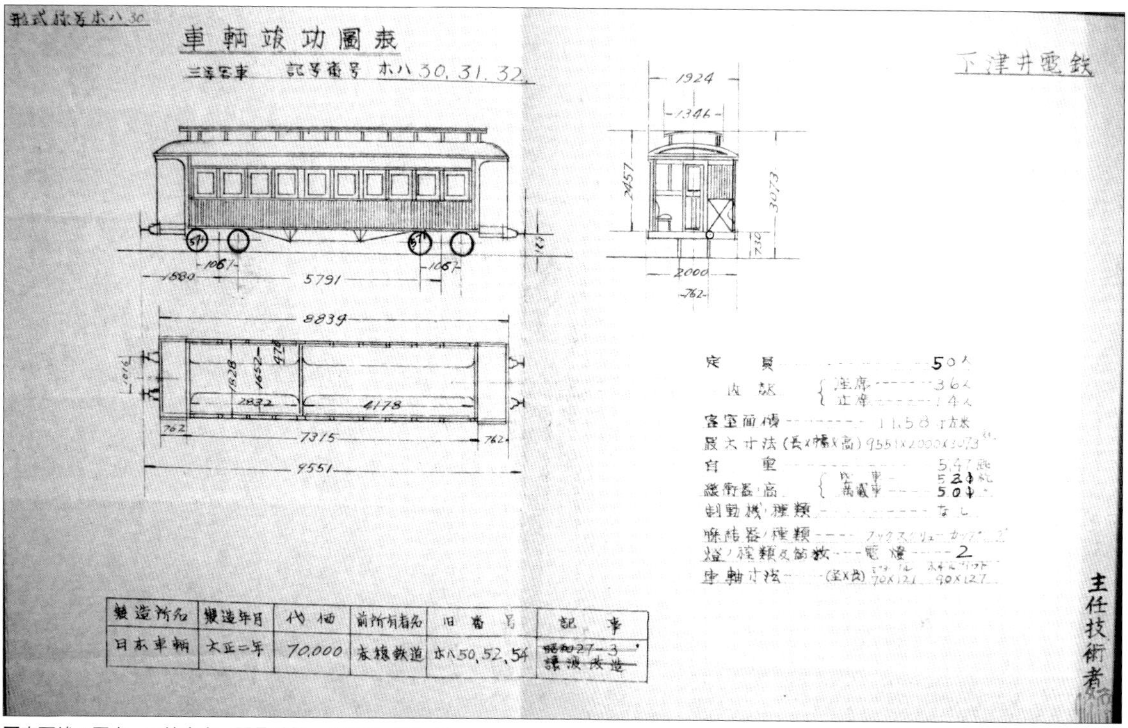

製造所名	製造年月	代価	前所有者名	旧番号	記事
日本車輌	大正二年	70,000	赤穂鉄道	ホハ50,52,54	昭和27－3 譲渡改造

■車両竣工図表　三等客車　記号番号　ホハ30・31・32

所蔵：国立公文書館

手前よりホトフ4・ホカフ4・ホカフ8。ホトフ4は開業時の車両、ホカフ4は鉄道省から譲り受けた元両備鉄道車両、ホカフ８は無蓋車ト７からの改造と三者三様の履歴を持つ。いずれも1972年の部分廃止時に廃車。
1971.7.26　下津井　P：荻原俊夫

(5) 貨車

1938(昭和13)年３月31日車輛記号変更届でボワ、ボト、ボカブの濁音が外れてホハ、ホト、ホカフとなったが、個々の紹介では省略する。「カ」は車掌室を持つ貨車、「フ」を付しているのは手廻しブレーキを持つ車、その他は車側ブレーキのみ。

●有蓋貨車

味野町～茶屋町間の開業に合わせて1913(大正２)年11月10日認可でボユブ１・２、ボカブ１・２、ボワ１～３、ワ１・２の９両が大阪の清水鐵工所で新造された。下津井～味野町間の開業をきっかけに1914(大正３)年７月23日認可でボワ４～７の４両が岡山の内田鐵工所で新造された。1920(大正９)年８月16日届出でボト７・８の２両が有蓋貨車に改造されてボワ８・９となった。同日の申請でワ１・２が廃車となり、その材料を用いてボワ１形と同一設計のボワ10となった。

ホカフ9　1958年に無蓋車ト８より改造された有蓋緩急車。部分廃止時に廃車された。「カ」は車掌車を示す。
1970.10.11　下津井　P：髙井薫平

大正九年八月十六日
下津井軽便鐵道株式會社
専務取締役　秋山　文治郎
内閣総理大臣　元田　肇　殿
車輛廃車並ニ改造ノ認可申請
左記ノ理由ニヨリ弊社使用ノ有蓋貨車ワ第壱同ワ第弐号ノ弐輌ヲ廃車シ該弐輌ノ材料ヲ以テ有蓋貨車一輌ニ改造致シ度最モ改造ハ既認可ノボワ第壱号貨車ト同一設計ニ致シ度候段何卒御認可下度申請仕候也
理由　有蓋貨車ワ第壱同ワ第弐号ノ弐輌ハ四輪車ニシテ運轉中脱線ノ恐レアル為ニ改造致度且ツ二噸積ニアルヲ以テ貨物輸送上不便少カラザルニ付二輌ノ材料ヲ以テ五噸積一輌ニ改造スル次第ニ候

ボユブ１・２は逓信省側からの要請により、1921(大正10)年３月18日に木造部分の模様替えを実施、ボカブ１は1934(昭和９)年４月18日の下津井車庫火災で焼失し、５月14日届出で廃車。開業以来行っていた郵便物輸送が1936(昭和11)年11月１日届で廃止(届出日より前に営業は終了していたと思われる)になると、ボユブ１と２は1936年４月20日局受付で廃車となった。この２両を改造して1936年４月27日にボワ11・12を増備した。1936年７月15日増設認可申請でボカブ３が増備され、この時点で有蓋貨車はボワ１～12とボカブ２・３で、これは1938(昭和13)年３月31日車輛記号変更届時の添付書類の内容と合致する。

1937年５月18日申請・1938年６月13日認可で、両備鉄道線を国有化した福塩南線ケワ253と254を譲り受け、1938年６月27日竣功でホワ13とホカフ４が登

ホワ1　1913年の開業時に清水鐵工所で新造されたボギー有蓋車。部分廃止時に廃車された。　1975.3.25　児島　P：寺田裕一

ホワ2　ホワ１と同じく開業時に新造されたボギー有蓋車で、部分廃止時に廃車された。　1967.5.5　茶屋町　P：今井啓輔

場。福塩南線ケト180と181（1913年日本車輛製）を譲り受け、1940年２月５日にホワ14と15（1940年下津井鐵道工場改造）が竣工し、これで有蓋貨車は18両となった。有蓋貨車18両体制は電化後の1951（昭和26）年度末まで続き、統計上1952年度が有蓋貨車15両・その他２両、1953年度に18両に戻る。1954～1956年度末16両、1957～1961年度末は17両、1962～1970年度末が16両、児島～茶屋町間最終営業日の1971年度末が13両、その後廃止時まで１両在籍が続いた。

私鉄車輛めぐりの青木栄一氏の記事（1965年度末時点と思われる）に貨車の在籍車両の番号が掲載されていて、有蓋貨車はホカフ２・３・４・８・９、ホワ

ホワ6　開業翌年の1914年に内田鐵工所で新造されたボギー有蓋車。扉が木製である。　1988.4.18　下津井　P：寺田裕一

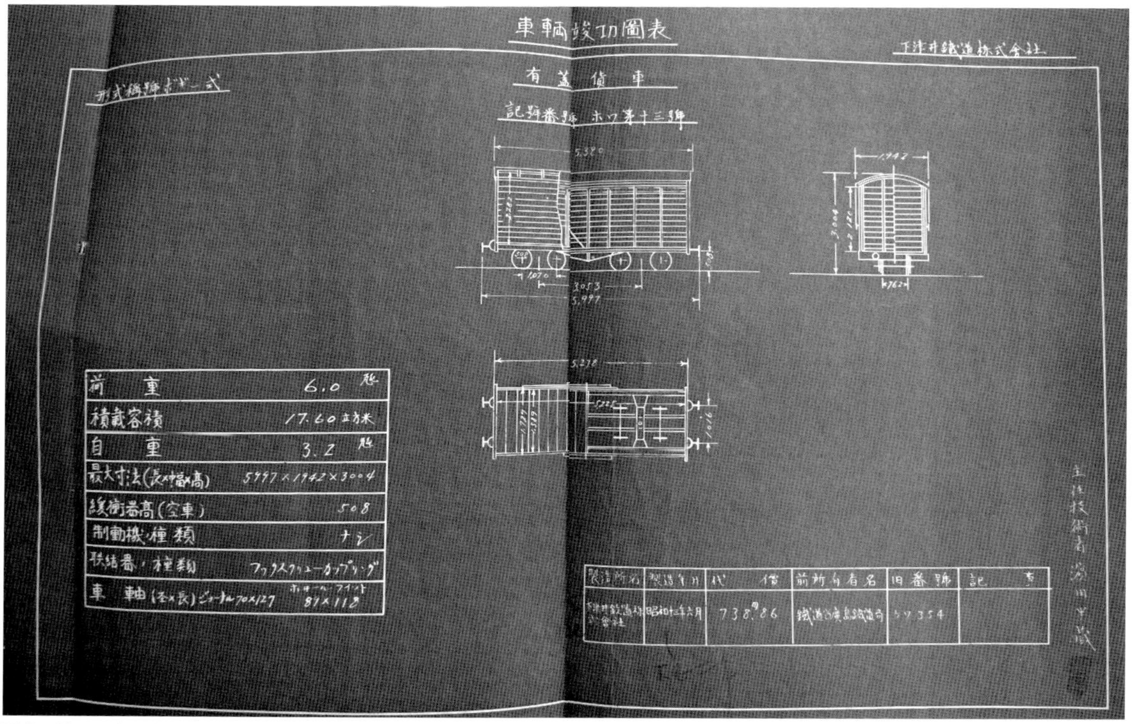

車輛竣功圖表

下津井鐵道株式會社

有蓋貨車

記號番號　ホワ第十三號

形式稱號ボギー式

荷重	6.0 瓲
積載容積	17.60 立方米
自重	3.2 瓲
最大寸法（長×巾×高）	5997×1942×3004
緩衝器高（空車）	508
制動機ノ種類	ナシ
聯結器ノ種類	フックスクリューカップリング
車軸（径×長）	ジャーナル 70×127　ホイールフイット 87×118

製造所名	製造年月	代價	前所有者名	旧番號	記事
下津井鐵道株式會社	昭和十三年六月	738.86	鐵道省廣島鐵道局	ケツ354	

主任技術者

■車両竣工図表　有蓋貨車　記号番号**ホワ第13号**　　所蔵：国立公文書館

ホワ10　廃車になったワ1・ワ2の材料を使って1920年に製造されたボギー有蓋車。現在でも長船地区に保存されている。
2002.2.2　長船　P：寺田裕一

ホワ13　鉄道省からケワ253(元両備鉄道)を譲り受け1938年より使用開始したボギー有蓋車。部分廃止時に廃車された。
1971.7.26　下津井　P：荻原俊夫

ホワ14　鉄道省からケト180(元両備鉄道)を譲り受け改造、1940年より使用開始したボギー有蓋車。部分廃止時に廃車された。
1975.3.25　児島　P：寺田裕一

ホワ15　ホワ14と同様、鉄道省ケト181を改造のうえ1940年より使用開始したもの。部分廃止時に廃車。
1967.5.5　茶屋町　P：今井啓輔

1・2・3・4・5・10・11・12・13・14・15、ワフ2とある。別の資料を辿ると、全廃時まで在籍していた簡易連結器装備のワフ2は鮮魚車ト2を1958(昭和33)年に自社で改造して2.4t積有蓋貨車とした。ト2は当初より簡易連結器装備であったので、かなり信憑性は高い。一方、別の資料で、ホカフ8は1958年6月にホワ8をナニワ工機で改造とある。これらのことから1958年に一定の両数の有蓋貨車の改造があったと推察する。ここから先は憶測のレベルに近いものがあるが、統計上の有蓋貨車数は1954年度に18両から16両に2両減っていて、この時にホワ6と7が廃車、1958年にホワ8と9をホカフ8と9に改造。ワフ2があるということはワフ1もあったはずで、1958年にト1とト2をワフ1とワフ2に改造、統計上の有蓋貨車数が16両から17両に1両しか増えていないことが矛盾するが、この1両は「私鉄車輌めぐり」の数値にも差異があることから、こう推察する。

「私鉄車輌めぐり」の青木栄一氏の記事に貨車の在籍車両の番号にワフ1は無く、民鉄統計年報の有蓋貨車数は1962年度に1両減っているので、この年度にワフ1は廃車になったと推察。1965年度末統計年報の16両と青木栄一氏の番号を足し合わせた17両との1両の差はわからない。また、部分廃止の前年度1970年度末が16両、1971年度末が13両なので、1971年度中に3両が廃車となったはずだが、その番号の特定はわからない。

全廃時まで在籍したワフ2は簡易連結器装備で、架線修繕車として下津井車庫で待機していた。

ワフ2　鮮魚車ト2を1958年に改造した有蓋緩急車。架線修繕車として路線廃止時まで在籍していた。
1971.7.26　下津井　P：荻原俊夫

ホト1　1913年の開業時に清水鐵工所で新造されたボギー無蓋車で、アオリ戸を撤去しレール運搬車として路線廃止時まで在籍していた。　1967.5.5　P：今井啓輔

ホト8　開業時に新造されたホトフ２を改造したボギー無蓋車。ホト１と同様にレール運搬車として路線廃止時まで在籍。
1988.4.18　下津井　P：寺田裕一

ホトフ5　開業時に新造されたホト５を1958年に改造した手回しブレーキ付ボギー無蓋車。路線廃止時まで在籍していた。
1990.8.23　下津井　P：寺田裕一

ホトフ6　開業時に新造されたホト６を1958年に改造した手回しブレーキ付ボギー無蓋車。部分廃止時に廃車された。
1971.7.26　下津井　P：荻原俊夫

●無蓋貨車

味野町～茶屋町間の開業に合わせて1913(大正２)年11月10日認可でボトブ１・２、ボト１～６の８両が大阪の清水鐵工所で新造された。下津井～味野町間の開業をきっかけに1914(大正３)年７月23日認可でボト７・８の２両が岡山の内田鐵工所で新造された。1920(大正9)年８月16日届出でボト７・８の２両が有蓋貨車に改造されてボワ８・９となった。1927(昭和２)年８月13日届出でボトブ１・２のブレーキ装置を取り外し、ボト７(二代)・８(二代)とした。1934(昭和９)年６月28日申請・同年７月17日認可・同年８月28日竣工で2t積鮮魚貨車ト１が登場し、ガソリンカーに牽引された。1936年に、ト２が増備されている。1938(昭和13)年３月31日車輌記号変更届に添付されていた無蓋貨車は　ボト１号より８号までで、鮮魚貨車の存在がなく、その理由はわからない。

『私鉄車輌めぐり』の青木栄一氏の記事に貨車の在籍車両の番号が掲載されていて、無蓋貨車はホトフ２・３・４・５・６とホト１・８とある。無蓋貨車の統計上の在籍車両数は、1914(大正３)～1919年度末が10両、1920～1934年度末が８両、1935年度末９両、1936～1953年度末10両、1954～1956年度末９両、1957～1972年度末７両、以降廃止まで３両と安定している。統計年報の７両と青木栄一氏の番号を足し合わせた７両は合致しているので、統計との差異はないと思われる。そうすると鮮魚貨車ト１とト２は1958(昭和33)年度にワフ１とワフ２に改造されているとすると、1957(昭和32)年度の２両減とほぼ一致し、ホトまたはホトフ７(二代)が1954(昭和29)年度に１両廃車になったと推察できる。気になるのは、ホトフ３の旧番がホト２という資料があり、番号の振替があった可能性は否定できない。この資料には何両かの貨車で1958年に側ブレーキを手ブレーキに改造との記述があり、ホトからホトフへの改造は1958年と推察する。

1965(昭和40)年当時以前からホト１＋ホト８は長物車代用で、アオリ戸が撤去され、２両が一単位となってレール運搬に使用された。最後までバッファーと連環式連結器装備であった。ホトフ５も最後までバッファーと連環式連結器装備であった。

貨車に使用されていた連環式連結器。
1967.5.5　下津井　P：今井啓輔

■車両推移表１

区分	車両		1913 大正2	1915 大正4	1920 大正9	1925 大正14	1930 昭和5	1935 昭和10	1940 昭和15	1945 昭和20
蒸気機関車	1	11/10	○							
	11	11/10	○							
	12	11/10	○							
	13				4/8○					
	15									釜石C164→10/24○
	(無番)									10/21○
内燃動車	カハ1					3/1○				
	カハ2					3/1○		△7/12→井笠ジ13		
	カハ3					6/23○				
	カハ4					7/16○				
	カハ5						5/12○			□5/1
	カハ6						12/16○			□5/1
	カハ7						12/16○			□5/1
	カハ8						4/17○			□5/1
	カハ50						4/17○			□5/1
	カハ51						4/17○			□5/1
	カハ52							3/25○		□5/1
	カハ53							9/17○		□5/1
	カハ54							4/22○		□5/1
	カハ55							4/22○		□5/1
電車	モハ50									カハ50→4/22□
	モハ51									カハ51→4/22□
	モハ52									カハ52→4/22□
	モハ53									カハ53→4/22□
	モハ54									カハ54→4/22□
	モハ55									カハ55→4/22□
	クハ5									カハ5→4/22□
	クハ6									カハ6→4/22□
	クハ7									カハ7→4/22□
	クハ8									カハ8→4/22□
	モハ101									
	クハ21									
	モハ102									
	クハ22									
	クハ23									
	クハ9									
	サハ1									
	サハ2									
	サハ3									
	モハ103									
	クハ24									
	モハ2001									
	サハ2201									
	クハ2101									

○：入籍　□：改造　△：廃車

※月/日は原則として認可日、日がないものは月のみ記載、月日のないものは当該年度を示す。

※1938年3月31日車両番号変更届けで濁音が外れたが、本表はそれ以前も濁音を外して表記する。

※モハ50→モハ110の改造は1965年度または1966年度。

※ホハフ４→ホハフ７(III)の改造は1928～1938年のいずれか。

※有蓋貨車の1938年以降は推定を含む。

※1972年４月１日廃車としたホカフ２～４・ホワ１～５・ホカフ８～15のうち３両は1971年度中の廃車だが、番号の特定は不能。

1950 昭和25	1955 昭和30	1960 昭和35	1965 昭和40	1970 昭和45	1975 昭和50	1980 昭和55	1985 昭和60	1990 平成2	
△7/28									1
△7/28									11
△7/28									12
△7/28									13
△7/28									15
△1/25→王子軽便鉄道									(無番)
△7/15									カハ1
}	→クハ9								カハ2
△7/15									カハ3
△5/31									カハ4
									カハ5
									カハ6
									カハ7
									カハ8
									カハ50
									カハ51
									カハ52
									カハ53
									カハ54
									カハ55
			□→モハ110		△				モハ110
		1/18	□→モハ105	△4/1					モハ105
				△4/1					モハ52
	2/15 □→モハ65			△4/1					モハ65
		3/28□→モハ104		△4/1					モハ104
				△4/1					モハ55
				△4/1					クハ5
				△4/1					クハ6
		1/18	□→クハ26	△4/1					クハ26
		3/28□→クハ25		△4/1					クハ25
10/24○				△4/1					モハ101
10/24○				△4/1					クハ21
7/22○								△2/28	モハ102
7/22○								△2/28	クハ22
7/22○				□→モハ1001				△12/31	モハ1001
7/27○				△4/1					クハ9
	4/2○			△4/1					サハ1
	4/2○							△2/28	サハ2
	4/2○			△4/1					サハ3
		8/15○						△12/31	モハ103
		8/15○						△12/31	クハ24
							3/13 ○	△12/31	モハ2001
							3/13 ○	△12/31	サハ2201
							3/13 ○	△12/31	クハ2101

■車両推移表2

年表：1913（大正2）／1915（大正4）／1920（大正9）／1925（大正14）／1930（昭和5）／1935（昭和10）／1940（昭和15）／1945（昭和20）

区分	車両	推移
客車	ホロハ1	11/10○ 7/9□→ホハ8(Ⅱ)
客車	ホロハ2	11/10○ 8/23□→ホハ9
客車	ホロハ3	7/23○ 8/23□→ホハ10
客車	ホロハ4	3/20○ 8/23□→ホハ11
客車	ホハ1	11/10○
客車	ホハ2	11/10○
客車	ホハ3	11/10○
客車	ホハ4	11/10○
客車	ホハ5	7/23○
客車	ホハ6	7/23○
客車	ホハ7	7/23○ 12/12□→ホハフ3
客車	ホハ8	7/23○ 12/12□→ホハ7(Ⅱ) 2□→ホハフ4 □→ホワ7(Ⅲ)
客車	ホハフ1	11/10○
客車	ホハフ2	11/10○
客車	ホハ30	
客車	ホハ31	
客車	ホハ32	
有蓋貨車	ホユブ1	11/10○ □4/20→ホワ11
有蓋貨車	ホユブ2	11/10○ □4/20→ホワ12
有蓋貨車	ホカブ1	11/10○ △5/14
有蓋貨車	ホカブ2	11/10○
有蓋貨車	ホカブ3	7/15○
有蓋貨車	ホカブ4	省ケワ254→6/13○
有蓋貨車	ホワ1	11/10○
有蓋貨車	ホワ2	11/10○
有蓋貨車	ホワ3	11/10○
有蓋貨車	ホワ4	7/23○
有蓋貨車	ホワ5	7/23○
有蓋貨車	ホワ6	7/23○
有蓋貨車	ホワ7	7/23○
有蓋貨車	ホワ8	ホト7→8/16□
有蓋貨車	ホワ9	ホト8→8/16□
有蓋貨車	ホワ10	ワ1・2→8/16□
有蓋貨車	ホワ11	ホユブ1→4/27□
有蓋貨車	ホワ12	ホユブ2→4/27□
有蓋貨車	ホワ13	省ケワ253→6/13○
有蓋貨車	ホワ14	省ケト180→2/25○
有蓋貨車	ホワ15	省ケト181→2/25○
有蓋貨車	ワ1	11/10○ □8/16 }→ホワ10
有蓋貨車	ワ2	11/10○ □8/16 }→ホワ10
有蓋貨車	ワフ1	
有蓋貨車	ワフ2	
無蓋貨車	ホトフ1	11/10○ □8/13→ホト7(Ⅱ)
無蓋貨車	ホトフ2	11/10○ □8/13→ホト8(Ⅱ)
無蓋貨車	ホト1	11/10○
無蓋貨車	ホト2	11/10○
無蓋貨車	ホト3	11/10○
無蓋貨車	ホト4	11/10○
無蓋貨車	ホト5	11/10○
無蓋貨車	ホト6	11/10○
無蓋貨車	ホト7	7/23○ □8/16→ホワ8
無蓋貨車	ホト8	7/23○ □8/16→ホワ9
無蓋貨車	ト1	7/17○
無蓋貨車	ト2	○

950 1955 1960 1965 1970 1975 1980 1985 1990
昭和25 昭和30 昭和35 昭和40 昭和45 昭和50 昭和55 昭和60 平成2
△3/23 ホハ8
△8/25 ホハ9
△3/23 ホハ10
□→ホハフ7 △3/23 ホハフ7
□→ホハフ4(Ⅱ) △3/23 ホハフ4
□→ホハフ5 △8/25 ホハフ5
△3/23 ホハ3
□→ホハフ6 △3/23 ホハフ6
△3/23 ホハ5
△8/25 ホハ6
△8/25 ホハフ3
□ ☆ △8/18 ホハ7
△6/15 ホハフ1
△8/18 ホハフ2
50→8/27○ □8→ホハフ30 △12/5 ホハフ30
52→8/27○ △3/23 ホハ31
54→8/27○□ 6→ホハフ32 △12/5 ホハフ32
ホユブ1
ホユブ2
ホカブ1
△4/1 ホカフ2
△4/1 ホカフ3
△4/1 ホカフ4
△4/1 ホワ1
△4/1 ホワ2
△4/1 ホワ3
△4/1 ホワ4
△4/1 ホワ5
△ ホワ6
△ ホワ7
□6→ホカフ8 △4/1 ホカフ8
□→ホカフ9 △4/1 ホカフ9
△4/1 ホワ10
△4/1 ホワ11
△4/1 ホワ12
△4/1 ホワ13
△4/1 ホワ14
△4/1 ホワ15
ワ1
ワ2
ト1→□ △ ワフ1
ト2→□ △12/31 ワフ2
△ ホト7
△12/31 ホト8
△12/31 ホト1
□→ホトフ2 △4/1 ホトフ2
□→ホトフ3 △4/1 ホトフ3
□→ホトフ4 △4/1 ホトフ4
□→ホトフ5 △12/31 ホトフ5
□→ホトフ6 △4/1 ホトフ6
ホト7
ホト8
□→ワフ1 ト1
□→ワフ2 ト2

☆：3/23→ホハフ7(Ⅱ)

旧下津井駅前には、下津井電鉄の初代社長であった創業者白川友一氏の銅像が建立されている。
2014.12.7　下津井　P：寺田裕一

下津井電鉄のバス事業は、鉄道存続時から運輸営業収入の大半を占めていた。　2016.8.27　岡山駅前　P：寺田裕一

5．今日の下電

(1) 下津井電鉄株式会社

下津井電鉄株式会社は岡山県南部の有力な交通事業者で、下津井～児島間で鉄道を営業していた1984(昭和59)年度当時の売上高は48.9億円。経常利益は2.4億円で、鉄道部門が売上高に占める割合は2.5%に過ぎなかった。本体が鉄道、バス(214台)、旅行業、不動産業を行うほか、下電整備、シモデンツーリスト、下電建設、東和運輸、東和タクシー、下電開発、下電タクシー等の子会社を所有した。1963(昭和38)年7月から京阪神急行電鉄が資本参加しており、今日でも阪急電鉄は主要株主であるが、阪急阪神東宝グループとしての関係性は薄い。

鉄道廃止後も下津井電鉄の社名に変わりはなく、今日でも岡山県南部の有力交通事業者である。路線・高速バス・住宅・高速道路サービスエリア事業等を直営で、タクシー、ホテル、旅行、造園土木事業等をグループ会社が行い、上海永山タクシーを中国で営業している。代表取締役社長は6代目で永山久人(1960～)氏、2代目社長の永山久吉氏の一族である。

(2) 廃線跡の今

1972(昭和47)年4月1日に茶屋町～児島間が廃止になると5月から線路の撤去が始まり、1973年3月末に用地を倉敷市に売却。すぐに自転車道としての整備が始まり、1974年11月に完成した。下津井～児島間については、廃止の年・1991(平成3)年12月に用地が倉敷市に払い下げられ、1992年4月から倉敷市によって遊歩道「風の道」として整備が始まり、1996(平成8)年度に通じた。

2020(令和2)年8月15日に茶屋町方から廃線跡をたどった。廃線跡を全区間辿ったのは2008年5月16

グループ企業の経営による鷲羽山下電ホテル前に保存された車両(クハ24・ホカフ9)。
2020.8.15　P：寺田裕一

45～47頁の写真は特記以外
2020.8.15　P：寺田裕一

下電茶屋町駅跡。駅頭端部付近に郵便局が建てられ、構内跡は駐車場になっている。

藤戸駅跡。単式ホームの跡が残る。手前が茶屋町方。

駅跡からはやや離れた位置に茶屋町の駅名標が建つ。ここより下津井方面に自転車道が始まる。

日以来で、2019(平成31)年2月に、「吉備の児島の陸続き400年瀬戸大橋開通30周年記念事業実行委員会」によって、駅名標が建てられていた。

下電茶屋町駅は、部分廃止後に自社バス乗り場となり、小型マイクロバスが方向転換を行った。列車代行バスは、部分廃止直後こそ鉄道時代と同程度の運転本数があったが、児島から岡山へは乗り換えなしの自社バスが圧倒的に優勢となり、やがて鉄道代行はルートそのものが消滅。茶屋町から児島直行は無くなり、林折り返しとなったのち、系統自体が無くなった。茶屋町と児島は、もともと鉄道乗り継ぎ以外の交流が少なく、下電の廃止がルート根絶に繋がった。JR茶屋町駅は1988(昭和63)年3月20日の本四備讃線茶屋町～児島間開業に合わせて高架駅となり、驚くことに、旧下電駅跡は、この時点まで鉄道時代の雰囲気を留めていた。その後、駅跡は空地となり、現在は郵便局が建つ。その先は駐輪場となったのち、自転車・歩行者専用道となる。自転車道の付け根のところに新しく駅名標が建つが、現役時代の駅からは離れた位置にある。駅名標の位置＝駅跡ではない。

自転車道となってからでも50年近くが経過する

林駅跡。周囲は駐車場として造成されている。茶屋町方を望む。

天城駅跡。復元された駅名標のみが駅跡であることを示す。

稗田駅跡。ホームの跡が残る。茶屋町方を望む。

児島川を渡っていた橋梁の跡。両岸に橋台の跡が残る。

児島駅跡。ホームを囲っていたドーム状の上屋が現在も残る。

架線柱が残る備前赤崎付近の線路跡。遠くに鷲羽山ハイランドの観覧車が見える。手前が児島方。

が、茶屋町から天城に向かう直線区間は見事な並木道となっている。茶屋町川橋梁は架け替えられて鉄道時代の面影は無く、天城駅跡は新しく建った駅名標が位置を教えてくれるが鉄道時代の遺構は無い。倉敷川橋梁も架け替えられていて、藤戸停留場跡は現役時代のホームが残るが、2008年５月訪問時に現役時代のものと思われた駅名標は新しいものに代わっている。

線路跡の自転車道は県道とクロスし、郷内川橋梁も架け替えられて遺構は無い。林駅跡は広い更地となって駐車場として利用され、新しい駅名標が建つ。その先は県道に並んで進む。やがて瀬戸中央自動車道水島インターチェンジに呑み込まれ、自動車道を潜り、水島への県道から左に分岐し、灌漑用の溜池である相引池の堤の下が福田駅跡。ここにも新しい駅名標が建つ。線路跡は一般道となって山の中腹をΩカーブで進み、瀬戸大橋自動車道を潜って県道の脇に出る。県道は片側２車線の大幹線に姿を変えていて、福林湖の脇を進んでいた区間では、線路跡の特定が困難になっている。線路跡は福林湖の南端部で右に折れ、大池の西側を進んで稗田西交差点で県道に取り込まれる。稗田南交差点の手前で右に折れた先が稗田駅跡で、ホーム跡が残り復元された駅名標が建つ。この駅名標は現役時代のものではないと思われるが2019年に整備された真新しいものではない。自転車道はさらに南下し、柳田停留場跡は中地区公会堂が建ち、真新しい駅名標も建つ。児島小学校の裏手を下って、児島川は架道橋

阿津駅跡。単式ホーム跡が残る。下津井方を望む。

琴海駅跡。ホーム跡が残る。茶屋町方を望む。

鷲羽山駅跡。カーブしたホーム跡が残る。茶屋町方を望む。

に姿を変えて越える。児島小川駅跡は空地となり、その先も児島川に行き当たるまで自転車道は続く。

児島川を渡っていた地点は橋台跡が両岸に残り、茶屋町が起点であった頃の児島駅跡は交番・駐車場に姿を変えている。瀬戸大橋架橋記念館の先が最晩年の児島駅跡で、鉄道廃止後は下電ツーリストの営業所となり、ホームは現役時代のままの姿を残す。その後、下電ツーリストは閉鎖されたというが、建屋やホームに変化はないという。

児島～下津井間は1990（平成２）年12月31日限りで廃止され、茶屋町～児島間とは異なり、架線柱やホー

東下津井駅跡。周囲の地形も含め往時の面影が残る。左の旧上りホームは風化が著しい。茶屋町方を望む。

下津井駅跡。広い構内には多数の保存車が置かれている。

鷲羽山駅跡の東下津井方からは瀬戸大橋を間近に望める。

ムなどの鉄道施設を極力残して整備がなされている。備前赤崎駅跡は相対式ホーム跡が残り、レプリカの駅名標が立つ。国道430号とクロスした先、阿津停留場跡もホームが残る。JR本四備讃線のコンクリート橋を潜り、児島競艇場を過ぎた地点が琴海駅跡で、島式ホームの交換可能駅であった様子がよくわかる。林の中、カーブを繰り返しながら進み、瀬戸中央自動車道を潜った先が鷲羽山停留場跡。下津井中学校・鷲羽ハイランドホテルの南を進み、瀬戸大橋が眺望出来る。東下津井駅跡は相対式ホームがかなり風化しつつあり、その先は架線柱が撤去されて街燈が立つ中を進む。Ωカーブを過ぎてからは再び架線柱が現れる。

下津井駅跡は、駅舎が消え、その基礎土台とホームは姿を留める。電車庫の車両も廃線時のままに近く、2002（平成14）年以降は地元の愛好者らによる「下津井みなと電車保存会」によって整備がなされている。2017（平成29）年９月30日にクハ24とホカフ９は鷲羽山下電ホテルの敷地に移設された。

岡山県瀬戸内市長船町の国道２号脇のドライブイン北側の山陽新幹線高架下にはクハ６、ホハフ２、ホワ10が保存されている。

瀬戸内市長船の山陽新幹線高架下に置かれた３両の保存車。
2016.8.27

おわりに

1990(平成２)年12月31日限りで児島～下津井間が廃止されると、翌1991年12月に用地は倉敷市に譲渡がなされ、市は遊歩道(風の道)として整備を進めた。下津井駅構内は下津井電鉄が所有し、老朽化から駅舎が撤去され、車両も放置が続いた。2002(平成14)年から地元の有志によるボランテイア団体・下津井みなと電車保存会による維持・整備活動が行われている。2017(平成29)年にクラウドファンデイングによる募金を活用してクハ24とホカフ９を下電ホテルに移設した。下電の保存車両は、下津井駅跡と下電ホテル前、そしてもう１ヶ所、瀬戸内市のドライブインおさふね脇の山陽新幹線高架下にもクハ６・ホハフ２・ホワ10が保存されている。廃止後の経過年数を勘案すると、数多くの車両が綺麗な姿を留めていて嬉しい限りである。

私事で恐縮であるが、本書刊行の2020年は、自身が60歳の誕生日(還暦)を迎えた年で、新型コロナウイルスの蔓延でマスク着用が自然の姿となった年であり、安倍長期政権が終了した年である。インバウンド客が限りなく０になり、テレワークが声高に叫ばれ、数多くの鉄道路線から旅客が大幅に減少した年でもあった。一方、自然災害が猛威を振るい、人吉の町が水没し、くま川鉄道、JR肥薩線は今も不通が続いている。大好きなローカル私鉄たちが元気を取り戻すことを念じたい。

本文で何度となく引用した青木栄一氏の私鉄車輛めぐり「下津井電鉄」は1965(昭和40)年当時の状況が詳細に記されている。しかし、貨車に関しては車番の掲載に留まっていて、この詳細を明らかにすることが、チャレンジであった。国立公文書館に残る下津井軽便鉄道～下津井鉄道～下津井電鉄の許認可関係書類を全て閲覧し、ほぼ全容を掴むことができた。ただ、部分廃止前の数年の動きが捉えられなかったことは心残りである。

最後に、下津井電鉄株式会社をはじめ本書の刊行にご協力・ご尽力いただいたすべての方々に御礼を申し上げ、筆を置きたい。

写真提供・ご協力
今井啓輔、荻原二郎、荻原俊夫、坂本裕人、澤内一晃
塩田葭次、下津井電鉄、髙井薫平、田尻弘行
福田静二、藤本哲男、牧野俊介、湯口　徹、吉村光夫
和久田康雄、和久田真雄(敬称略　順不同)

寺田　裕一

参考文献

『下津井電鉄70年史』(1981年 下津井電鉄)
『ナローゲージよ永遠に！』(1990年 祖田　定一)
『私鉄車輛めぐり下津井電鉄』／青木栄一(『私鉄車輛めぐり特輯第Ⅲ輯』に収録／1982年 鉄道図書刊行会)
『下電と私』(1959年 下津井電鉄)
『軍機保護法化の汽車・軽便』(2009年・JTBパブリッシング)
『軽便追想』(高井薫平／1997年 ネコ・パブリッシング)
『内燃動車発達史』(湯口 徹／2004年 ネコ・パブリッシング)
『レイル』No29・30私鉄紀行瀬戸の駅から(湯口　徹／1992年 プレスアイゼンバーン)
『鞆鉄道』(RMライブラリー196／湯口 徹/2015年　ネコ・パブリッシング)
『自転車に抜かれたコッペルたち』(牧野俊介/1980年　プレスアイゼンバーン)
『私鉄全線全駅』(1979　主婦の友社)
『新車年鑑各年度版』(鉄道図書刊行会)
『日本鉄道旅行地図帳11号』(新潮社)

モハ104＋クハ25のサイドビュー。車体延長によりオーバーハングが大きくなっている。
1965.2.25　天城—茶屋町　P：今井啓輔